L'ANCIEN RÉGIME

DU MÊME AUTEUR

Les Magistrats du parlement de Paris au XVIIIe *siècle,* Economica, Grand prix Gobert 1961.
Le Despotisme éclairé, Pluriel.
La Vie quotidienne de la noblesse française au XVIIIe *siècle,* Hachette.
La Véritable Hiérarchie sociale de l'ancienne France, Droz (en collaboration avec Jean-François Solnon).
La Vie quotidienne au temps de Louis XVI, Hachette.
La Vie quotidienne au temps de Louis XIV, Hachette.
Louis XIV, Fayard, Pluriel, Grand prix de l'Histoire 1986.
Le Petit Monde de la comtesse de Ségur, Hachette.
Louis XIV vous parle, Stock.
Dictionnaire du Grand Siècle, Fayard.
Le Grenier à sel, Souvenirs, Éditions de Fallois.
Dictionnaire des mots historiques, Éditions de Fallois.
Journal et mémoires de Thomas de Listière, Critérion.

FRANÇOIS BLUCHE

L'ANCIEN RÉGIME

Institutions et société

LE LIVRE DE POCHE

Ce petit livre comprend deux parties :

– Une étude de l'ancien régime en 55 courts chapitres de synthèse, suivis de trois témoignages.

– Quatre annexes :
a) Chronologie
b) La succession des règnes
c) Lectures utiles
d) Petit lexique historique.

Chaque partie est indépendante et peut être consultée isolément. Mais on peut recourir aussi à un système aisé de renvois :

** Un astérisque accompagnant un mot renvoie à l'annexe intitulée « Petit lexique historique ».*

** Un astérisque accompagnant une date renvoie à l'annexe intitulée « Chronologie ».*

INTRODUCTION

L'« ancien régime » français – l'expression fut, sinon inventée, du moins vulgarisée par Mirabeau en 1790 – n'a été affublé de ce nom crépusculaire qu'après le rude accouchement d'un ordre différent. C'était donc un nom péjoratif et polémique, visant une forme de société, un faisceau d'institutions et, brochant sur le tout, un type de royauté.

Ce n'est point une raison pour n'en retenir que la crise finale et la disparition. L'ancien régime ne saurait être réduit à ces tableaux de la France en 1788 que brossent à l'envi tous les livres scolaires ; ni être jugé selon les seules outrances des cahiers de doléances de 1789.

A cette date, sur le point de disparaître (et cette disparition était d'autant moins inévitable que le régime fut volontairement renversé), l'« ancien régime » avait trois siècles de carrière (depuis le règne de Louis XII, ou environ) – trois cents ans de peines et de joies, de deuils et de gloire, d'habitudes communes et de fidélités. On ne peut juger trois siècles d'une histoire aussi dense sur les dix-huit mois de son agonie.

Il est légitime de faire débuter l'ancien régime vers la fin du XVe siècle. C'est en effet le moment où le royaume, jusqu'ici État féodal, se mue en État royal. Le moyen âge cède alors la place à ce que nous appelons les temps modernes. Le Roi n'est plus un suzerain commandant à des vassaux, mais un souverain régnant sur des sujets. Les institutions se développent et gagnent en efficacité. Le vieil équilibre social, selon quoi le prêtre prie, le noble combat et le peuple travaille, s'il n'est pas contesté, ne s'impose plus de manière si contraignante, tant la société se diversifie. Il semble donc légitime d'attribuer trois cents ans d'âge à l'« ancien régime ».

Cependant l'État royal, déjà très moderne, d'un Louis XII ou d'un François Ier, n'est pas sorti de la guerre de cent ans comme Vénus serait sortie de l'onde. A certains égards il plonge ses racines dans un passé fort lointain.

Millénaire était, en effet, le baptême de Clovis (498), chef et roi des Francs saliens, par saint Remi, évêque de Reims. Dans une Europe encore très largement païenne, l'événement était important. D'une part, il consacrait le souci du chef franc d'associer romanité et chrétienté ; d'autre part, il devançait la conversion du Wisigoth Reccared (587) et le baptême du roi de Danemark (826), du prince de Bohême (vers 850), des rois de Pologne (966) et de Hongrie (985), de Vladimir prince de Kiev (989), du roi de Suède (1008), etc.

Cette antériorité fit du roi de France le « fils aîné de l'Église », tandis que, aux XIVe et XVe siècles, nos pères canonisaient *de facto* « saint » Clovis. Telle était l'antique racine de l'ancien régime, d'autant plus vivante que, de Charles VII à Louis XV, les Français avaient trouvé le moyen, sur les arbres généalogiques, de relier entre elles les trois dynasties de leurs Rois, faisant légendairement descendre les Capétiens des Carolingiens, et ces derniers des vieux Mérovingiens. Chemin faisant, en ne cherchant plus à venir du Troyen Énée (par le canal de Pharamond, roi mythique) et en axant tout sur Clovis, ils insistaient sur le caractère religieux de la royauté franque puis française. D'un fait (la conversion de Clovis) et d'un mythe (« saint » Clovis aurait reçu l'onction miraculeuse d'une huile venue du Ciel en une sainte ampoule), se dégage le premier caractère de notre ancien régime : celui d'être une *monarchie sacrée*.

Le deuxième jalon de cette longue histoire confirme ce qui précède : c'est le sacre de Pépin le Bref (751 et 754). Il associe les Carolingiens à cette longue chaîne que l'avènement (987) de Hugues Capet – et son sacre immédiat – prolonge et perpétue. Les Capétiens placèrent tout naturellement en leur titulature l'épithète de « très chrétien ». Ce titre, reconnu à saint Louis par le pape, se transforma avec Philippe le Bel (1285-1314) en véritable institution royale.

Si l'ancien régime a hérité du moyen âge une royauté dont l'Église, les juristes et le peuple reconnaissent le caractère sacré, il hérite aussi d'un système monarchique original. Dès le règne de saint Louis (1226-1270) au moins, la monarchie capétienne se veut absolue en théorie, si elle se montre tempérée en pratique. Nous disons bien : se veut. Car enfin comment un Louis IX et même un Philippe IV auraient-ils pu exercer un pouvoir absolu, alors que les lois du Roi n'avaient vraiment pris corps qu'au XIIe siècle, et alors que le domaine* royal ne couvrait pas même la moitié du royaume ?

Si les Rois se jugent souverains et absolus, ce ne peut être que dans le Domaine ; ailleurs, ils sont seulement suzerains de grands vassaux ombrageux. Au reste, la mise en place d'institutions royales spécialisées (comme le Parlement* au milieu du XIIIe siècle) et la convocation des premiers états* généraux (1302) marquent le souci des monarques de régulariser, techniquement et psychologiquement, l'exercice d'un pouvoir qui ne saurait être solitaire ou même isolé. Les Valois vont donc hériter d'une monarchie *absolue mais tempérée*.

La guerre de cent ans (1337-1453), qui aurait pu voir la disparition de la dynastie capétienne et partant de son style de gouvernement, fut au contraire le creuset de ce qu'on appellera l'ancien régime. Avant même le honteux traité de Troyes (1420*), le grand juriste Jean de Terrevermeille établissait en ses *Tractatus* (1419*) les règles de la fonction royale et celles de la succession monarchique. C'est ensuite Jeanne d'Arc – symbole d'un indéniable loyalisme populaire – qui, en emmenant Charles VII se faire sacrer à Reims, rappelle au Roi sa légitimité. C'est enfin Charles VII rattachant la Normandie au Domaine, en attendant que Louis XI récupère le Maine, l'Anjou, la Provence, la Bourgogne et la Picardie. Presque débarrassés des grands vassaux et des apanagistes* abusifs, les Valois achèvent d'enlever au royaume son caractère féodal. Dès le XVe siècle se développe et se renforce l'État royal.

Les troubles du XVIe siècle marquent ensuite la crise de croissance logique et prévisible de cet État royal, qui prétend substituer à la *suzeraineté* du Roi une *souveraineté* pleine et entière. Les « grands » (Condé, Montmorency, Turenne) tentent de contester cette souveraineté, que l'implantation d'institutions royales (parlements, présidiaux, intendants*) concrétise jusqu'au fond des provinces ; et il est assuré que les guerres de religion (1562-1598) marquent, dans les deux camps – le protestant comme le catholique –, une réaction féodale ou nobiliaire anti-étatique, donc anti-royale.

L'anarchie endémique et les révoltes ouvertes qui caractérisent le XVIe siècle (la Renaissance, les grandes découvertes, le bouillonnement religieux, la Réforme et la contre-Réforme*, toutes ces vagues de fond, ne pouvaient qu'exacerber les tensions politiques ou sociales) contraignirent les Rois à convoquer à plusieurs reprises les états généraux. Dans une atmosphère de guerre civile, les députés des états généraux furent parfois conduits à se croire investis d'une large partie du pouvoir législatif. De là à glisser vers un partage de la souveraineté, il n'y avait qu'un pas. Les protestants peu après 1576, puis les catholiques de la Ligue se révélaient d'ailleurs « monarchomaques » (adversaires de la monarchie). Ce n'est point un hasard si la fin de cette période troublée vit se dresser de grands juristes, tels Bodin et Loyseau, décidés à rétablir le droit public français dans sa tradition.

Renforcés au début du XVIIe siècle par Cardin Le Bret, ces auteurs établirent pour deux siècles la doctrine de la monarchie absolue, à laquelle Bossuet ne fit que s'associer. En effet, depuis les légistes de Philippe le Bel et surtout depuis Terrevermeille, il apparaît que les jurisconsultes de France, quoique formés au droit privé romain, n'ont jamais sérieusement tenté de fonder le droit royal sur l'héritage de Rome. Ils ont toujours célébré les coutumes nationales, enracinées dans l'histoire du royaume depuis Clovis, Pépin et Hugues Capet, et l'origine religieuse de la monarchie française leur a souvent fait tenir des propos de théologiens. Il n'y a donc rien d'étonnant à voir Bossuet venu en renfort.

Si l'on a pu définir la royauté des Valois comme une monarchie à la fois absolue et tempérée, les historiens sont souvent tentés d'appeler *absolue et administrative* la monarchie bourbonienne, de Louis XIII à Louis XV. Les Suisses aiment à dire que la vraie démocratie se ramène à une bonne administration. Louis XIII, Richelieu, Louis XIV, Colbert, le cardinal Fleury, le contrôleur général Orry (1730-1745) auraient admis qu'une administration bien réglée était le support et l'appui de la royauté, la meilleure manière d'empêcher la monarchie absolue de virer au despotisme.

La monarchie administrative, c'est en somme un pouvoir se régularisant lui-même. Tel est le régime français sous Louis XV, au temps où les intendants* restent volontiers vingt ans en poste, édifient des places royales, animent l'agriculture, encouragent le commerce, défendent à l'occasion les paysans contre leurs seigneurs ou contre les abus de la fiscalité, pratiquent à l'échelon provincial une sorte de despotisme éclairé. A ce régime l'abbé de Véri donne le nom de *monarchie modérée* (en quoi il se montre plus indulgent et plus clairvoyant que Montesquieu).

Mais si une administration équilibrée est capable de protéger les sujets au nom du Roi et d'assurer au Roi le loyalisme des sujets, il n'en va plus de même d'une administration toute-puissante, pesante, orgueilleuse et technocratique. Sous Louis XVI, le conseil* du Roi en est arrivé, progressant depuis 1661, à un très haut niveau de compétence et de technicité. C'est une machine en apparence unique au monde et marchant admirablement ; mais c'est aussi un monstre. A vérifier la date de ses arrêts, l'on constate que nombre d'entre eux ne furent jamais délibérés. Trop coupé du Roi et trop dédaigneux du public, le Conseil marche tout seul, mais avec la perfection abstraite d'un moteur débrayé.

Au temps de Louis XVI – et cela sera présent, actuel, lancinant, dans les cahiers de doléances –, ce n'est pas le Roi qui se trouve accusé de despotisme. C'est l'État, c'est l'administration, ce sont les ministres. L'idée d'une monarchie administrative n'apparaît plus comme une protection des sujets. Les Cahiers sont un cri de supplication : on y demande la protection du Roi contre un État jugé tentaculaire, indifférent ou cruel. Tant il est vrai que le poids de l'État est toujours néfaste.

D'ailleurs ce n'est pas l'administration qui aurait pu sauver le régime de Louis XVI. Il aurait fallu que le Roi ait eu l'intelligence, la volonté et les moyens de transformer une monarchie *absolue et aristocratique* en monarchie *absolue et populaire*. Un régime constitutionnel moderne se serait ensuite formé peu à peu, dans le style coutumier alors cher à la France.

PREMIÈRE PARTIE

LE ROI

1. La monarchie d'ancien régime est absolue

Insociabile regnum (La prérogative royale ne se partage pas), écrivait Tacite (*Annales*, XIII, 17). Elle ne se partageait pas en France sous l'ancien régime. Ni territorialement ; d'où le constant effort des Rois pour réduire les apanages*. Ni politiquement : lorsqu'il y eut régence*, le Régent ou la Régente gouverna au nom du Roi, car seul régnait le Roi.

Au temps de l'État féodal, jusqu'à la guerre de cent ans, le pouvoir du roi de France était mixte. Sur le Domaine* il possédait *souveraineté ;* ailleurs il n'imposait aux grands vassaux que sa *suzeraineté*. Depuis Louis XI, tandis que se précisait l'État royal – après la chute de l'État bourguignon –, prévalut vraiment la souveraineté. De Bodin à Cardin Le Bret, en passant par Loyseau, les grands juristes de la seconde moitié du XVIe siècle et de la première moitié du XVIIe, non contents de la définir, cette souveraineté, la célébrèrent. Ce que Jean Bodin appelle « république » est « un droit gouvernement... avec puissance souveraine » (1576). Pour Loyseau, « la souveraineté n'est point, si quelque chose y fait défaut » (1608) ; selon Le Bret, « la souveraineté n'est non plus divisible que le point en géométrie » (1632). Le monarque étant parfaitement souverain, la monarchie française est absolue, c'est-à-dire parfaite. *Absolue, c'est-à-dire sans liens, ce qui ne veut pas dire sans limites.*

Le mot « absolutisme » n'existait pas (il sera inventé en 1796) ; et le mot « absolu », alors couramment utilisé, n'avait rien de péjoratif, bien au contraire. L'avocat général Omer Talon définissait la royauté comme « une puissance absolue et une autorité souveraine ». A la fin même du long règne de Louis XIV, lorsque la monarchie absolue, ayant connu son apogée, aurait pu être contestée après cinquante ans de règne, plusieurs coalitions, l'invasion étrangère, les manifestations de l'intolérance gouvernementale (interdiction du protestantisme, destruction de Port-Royal), on vit parfois critiquer le Roi, mais l'écrasante majorité des Français continua de complimenter, d'admirer et de vanter la monarchie absolue.

Si Fénelon conteste, un Pierre Bayle, protestant exilé, un père Pasquier Quesnel, janséniste exilé, défendent et illustrent la monarchie absolue avec presque autant de vigueur et non moins de conviction que Bossuet.

Il faut attendre le XVIIIe siècle pour entendre de véritables grincements. Partisan de ce qu'il appelle une « royauté monarchique », le marquis d'Argenson († en 1757), ancien ministre de Louis XV, critique la « monarchie absolue », selon lui porte ouverte au despotisme. Sous sa plume, « absolu » a cessé d'être synonyme de souverain, ressemblerait à « arbitraire » au sens moderne et déplaisant du terme. Montesquieu dans *L'Esprit des lois* dit sa préférence pour un « gouvernement modéré », substitué à la monarchie absolue –, sans avoir l'air de voir que le régime de Louis XV, s'il est « absolu » dans l'ordre théorique, est parfaitement tempéré (ou modéré) sur le plan pratique. Le président de Montesquieu est, il est vrai, un idéologue. Voltaire, son contemporain, est au contraire attaché à la monarchie absolue. L'écrivain qui applaudira le despotisme éclairé de Frédéric II en Prusse, et justifiera le coup d'autorité du chancelier Maupeou en France (1771*), ne craint pas d'écrire : « Un roi absolu, quand il n'est pas un monstre, ne peut vouloir que la grandeur et la prospérité de son État, parce qu'elle est la sienne propre, parce que tout père de famille veut le bien de sa maison. Il peut se tromper sur le choix des moyens, mais il n'est pas dans la nature qu'il veuille le mal de son royaume. »

2. Le Roi et les sujets : un corps mystique

Le caractère paternel de la royauté, la solidarité du prince et des sujets étaient présents et soulignés dans et par la thèse du « corps mystique ». Selon une doctrine communément reçue du début du XVe à la fin du XVIIe siècle, le royaume, le Roi et ses peuples étaient inséparables, à l'image de l'union du Christ et de l'Église dans les *Épîtres* de saint Paul, car la théorie française du corps mystique était issue de l'Écriture sainte.

Pour juristes et théologiens, le royaume capétien est un corps mystique, dont le Roi est la tête. Défendue par Jean de Terrevermeille (1419*), cette idée se retrouve à la fin du XVIe siècle chez Guy Coquille : « Le Roi est le chef, et le peuple des trois ordres sont les membres, et tous ensemble sont le corps politique et mystique. » Ensuite le mot mystique va tendre à se raréfier, mais la notion subsiste.

Dans ses *Instructions* (1671) à son fils le Dauphin, Louis XIV écrira : « Nous devons considérer le bien de nos sujets bien plus que le nôtre propre... puisque *nous sommes la tête d'un corps dont ils sont les membres.* » Au reste, il ne s'agit point là d'une vue abstraite, mais d'une solidarité vivante et entendue comme telle : « Comme nous sommes à nos peuples, nos peuples sont à nous. » « Chaque profession contribue, en sa manière, au soutien de la monarchie », du prince régnant au plus humble artisan. Et pour mieux souligner son propos, Louis XIV parle du « métier » de Roi, appliquant audacieusement un mot vulgaire à la noble tâche du gouvernement : « Le métier de Roi est grand, noble et délicieux, quand on se sent digne de bien s'acquitter de toutes les choses auxquelles il engage ; mais il n'est pas exempt de peines, de fatigues, d'inquiétudes. »

3. Une monarchie de droit divin

Les historiens confondent souvent monarchie absolue et monarchie de droit divin. Mais ils ont une excuse, puisque les théoriciens d'autrefois ont emmêlé à l'envi les deux notions, Bossuet achevant de les fondre au nom de la Bible, du roi David et de Salomon.

En réalité, il s'agit là de deux choses différentes. Pierre Bayle († 1706) à la fin du XVIIe siècle, Voltaire ou Frédéric II de Prusse au XVIIIe justifieront la monarchie absolue tout en récusant la notion de droit divin.

Il est sûr que l'appui du Ciel, vrai ou supposé, n'a jamais paru inutile aux chefs d'État. Depuis Auguste, les empereurs romains s'étaient divinisés ; Constantin le Grand se jugeait directement soutenu par le Dieu des chrétiens ; pour Julien l'Apostat, « la pourpre et le diadème étaient comme les signes sensibles de l'autorité déléguée par l'Olympe » (L. Jerphagnon). Mais nous savons que les rois de France, tout en admirant Constantin, ne prétendaient pas se relier au droit public de Rome.

C'est à l'Écriture sainte que se référaient les théoriciens français. Le texte fondamental se trouvait dans l'*Épître aux Romains* (XIII, 1) de saint Paul : « Il n'est point d'autorité qui ne vienne de Dieu. » Catholiques et protestants en étaient convaincus, sous réserve de déductions divergentes.

Vous chercheriez en vain quelque obsession républicaine dans l'*Épître au Roi* (1535) par laquelle Jean Calvin inaugure son *Institution de la religion chrétienne*. Il appelle François Ier « très noble Roi », « très excellent Roi », « très illustre Roi », « très gracieux Roi », « très fort et très illustre Roi », « Roi très vertueux », « Roi très magnanime », « Roi très magnifique » ; une véritable litanie. Si les catholiques font du souverain le « lieutenant de Dieu », le Réformateur le déclare « vrai ministre de Dieu au gouvernement de son royaume ». Est-ce très différent ? Pour les uns comme pour les autres, le Capétien est Roi de droit divin.

Bien sûr les choses se gâtèrent assez vite. Après le massacre de la Saint-Barthélemy (1572), l'on vit tout un parti de « monarchomaques » (ou ennemis de la monarchie absolue) – Hotman, Languet, Théodore de Bèze – au cœur du calvinisme français. Mais, dès la fin des guerres de religion (1598), les protestants du royaume avaient, en majorité, retrouvé leur loyalisme. Prêchant à Caen en 1674 ce verset de saint Pierre : « Craignez Dieu, honorez le Roi », Pierre Du Bosc, pasteur réformé, faisait de Dieu et du roi de France « les deux plus grands objets du monde ». « On ne peut songer à l'un sans penser à l'autre. Car Dieu est Roi ; et le Roi est Dieu dans son genre et dans son espèce. » Aux réformés d'être fidèles au « grand Roi », « contre les ennemis de sa gloire et de son État », même si présentement ces ennemis étaient les Hollandais calvinistes.

Au reste, les réformés interprétaient l'axiome paulinien de *Romains* XIII, de la manière la plus large. A leurs yeux l'origine divine des pouvoirs ne concernait pas les seules monarchies, mais tout régime établi respectueux du Ciel et de la loi naturelle. Si le roi de France était monarque par droit divin, la république de Genève était souveraine par droit divin. La délégation d'en-haut justifiait aussi bien le roi de Portugal que la république des Provinces-Unies, aussi bien le Roi Catholique (à Madrid) que le roi anglican de Londres.

Pour les catholiques français, au contraire, le droit divin, non content d'avoir légitimé les Rois, avait imprimé depuis Clovis à la monarchie un caractère religieux particulier. Les « propositions » de Bossuet ne semblaient point outrées à nos pères : « Dieu établit les Rois comme ses ministres, et règne par eux sur les peuples. » « Il n'y a qu'une exception à l'obéissance qu'on doit au prince, c'est quand il commande contre Dieu. » Ni même la péroraison de son *Sermon sur la justice* de 1666 : « Mais vous, Sire, qui êtes sur la terre l'*image vivante de cette majesté suprême*, imitez sa justice et sa bonté, afin que l'univers admire en votre personne sacrée *un roi juste et un roi sauveur à l'exemple de Jésus-Christ.* »

La doctrine courante était, au XVIIe siècle, que le Roi, dès la mort de son prédécesseur, recevait une grâce divine destinée à l'éclairer et à le guider. Mais rien n'illustrait cette croyance comme l'antique cérémonie du sacre.

4. *Le sacre*

Sous l'ancien régime, ici depuis le début du XVe siècle, le sacre avait cessé de créer la légitimité et d'assurer la souveraineté du Roi ; il ne faisait que confirmer, aux yeux de l'Église, des grands du royaume et du peuple français, cette légitimité et cette autorité d'« un prince saisi de plein droit par succession de la couronne » (Ferrière). Le peuple surtout était attaché à cette belle cérémonie, et ce n'est point par caprice que Jeanne d'Arc, bousculant littéralement le « gentil Dauphin » Charles, dont l'avènement datait de 1422, n'eut de cesse qu'elle l'eût conduit à Reims (1429), afin qu'il fût sacré comme aurait dû l'être depuis près de sept ans le « gentil Roi Charles le septième ».

Car si le Roi était pleinement roi dès la mort de son prédécesseur, avec légitimité parfaite, « le serment prêté sur les Évangiles, l'onction et le couronnement par l'archevêque de Reims doublaient cette légitimité juridique et politique d'une légitimité religieuse, aussi imposante que l'autre aux yeux des peuples du royaume, car, d'une part, celui en qui s'incarnait la royauté s'enracinait ainsi dans l'histoire et dans les mythes fondateurs de la nation et, d'autre part, revêtait un caractère sacré : il était désormais l'oint du Seigneur, à qui les fastes de Reims conféraient la qualité insigne de roi thaumaturge, guérisseur des écrouelles » (M. Antoine).

Pourquoi Reims ? Hugues Capet avait été sacré en 987 à Noyon ; Henri IV, victime des circonstances, le sera en 1594 à Chartres. Parce que Clovis avait été baptisé en 498 (nos pères disaient 496) par saint Remi, évêque de Reims ; et parce que Hincmar, archevêque de Reims, avait en 869 laissé croire que Remi, immédiatement après le baptême du « fier Sicambre », l'avait sacré et oint. On assurait que l'huile de ce premier sacre (en réalité le premier monarque franc à avoir été sacré fut Pépin le Bref, en 751 par saint Boniface, en 754 par le pape) avait été « envoyée du ciel dans la *sainte ampoule* » (Ferrière), par le truchement d'une colombe venue se poser sur l'autel même de l'église. Cette poétique histoire, sacralisant le fils aîné de l'Église et ses successeurs, plaisait fort au peuple, d'ailleurs reçue comme un symbole par presque tous.

On vit des différences entre les sacres : Henri IV fut sacré à quarante ans, Louis XIII à neuf ans, Louis XIV à quinze ans (1654). Charles IX l'avait été le 5 mai 1561

« au milieu de pompes plus que modestes, tant le trésor était obéré » (Bourassin). Louis XVI le sera le 11 juin 1775, dans une décoration « un peu théâtrale » mais au milieu d'un « transport général ». Lorsque, à la fin de la cérémonie, vint le moment de la proclamation, « chacun sortait de sa place, et les cris, les fanfares, les battements de mains, faisaient qu'on n'entendait plus rien, pas même le *Te Deum* » (Croÿ). Tout autre avait paru, en son temps, le sacre bon enfant de Louis XIII enfant. Après l'onction reçue, tandis que les pairs de France venaient lui baiser la main, le prince s'amusa à souffleter le duc d'Elbeuf. Un peu plus tard, marchant vers l'autel, Louis essayait « d'attraper de son pied la queue du manteau » du maréchal de la Châtre (Héroard).

En général le Roi venait à Reims à l'avance, et de même étaient apportés les ornements royaux (sceptre, diadème, main de justice, camisole, sandales, bottines, manteau d'apparat, dalmatique, tunique, éperons, épée) normalement conservés en la basilique de Saint-Denis. La cérémonie du sacre, le « huitième sacrement », était célébrée le dimanche à la cathédrale. Le Roi était invité par l'archevêque à prononcer les serments du sacre : 1° la promesse « canonique » de protéger libertés et immunités des gens d'Église, 2° le serment dit « du royaume » : face à Dieu, Sa Majesté jurait d'accorder la paix, la justice et la miséricorde à ses peuples (c'était à peu près le texte du psaume 85), 3° l'engagement solennel d'extirper l'hérésie (*haereticos exterminare*). Après quoi le prince baisait l'Évangile.

Ce dernier serment, qui datait du XIIIe siècle, ne parut point embarrasser Henri IV (quatre ans pourtant avant l'édit de Nantes), ni ses successeurs immédiats. Mais Louis XVI s'arrangea pour marmonner de manière inaudible le serment visant l'hérésie et un quatrième engagement concernant l'interdiction des duels (Turgot lui avait même suggéré de ne prononcer ni l'un, ni l'autre).

Suivaient de vieux rites symboliques, dont la remise des éperons d'or et la bénédiction de l'épée royale, dite « de Charlemagne ». L'archevêque pratiquait sur le monarque plusieurs onctions, tandis que les clercs énuméraient les devoirs du souverain : « Que le Roi réprime les orgueilleux, qu'il soit un modèle pour les riches et les puissants, qu'il soit bon envers les humbles et charitable envers les pauvres, qu'il soit juste à l'égard de tous ses sujets et qu'il travaille à la paix entre les nations. » On mettait alors au Roi sa tunique et sa dalmatique, puis un manteau violet semé de fleurs de lis. Depuis le XVe siècle « les lis justifient l'alliance de la France et de Dieu » (Colette Beaune).

L'archevêque remettait ensuite au souverain l'anneau, le sceptre, la main de justice et la couronne. Monté sur son trône le Roi recevait l'hommage des pairs*. L'officiant criait : *Vivat Rex in aeternum !* C'était le signal de l'ouverture des portes de la cathédrale, qu'envahissait une foule joyeuse. Suivait le chant du *Te Deum*, la messe et la communion. Deux autres cérémonies n'allaient pas tarder : la réception des insignes de l'ordre du Saint-Esprit et le toucher des écrouelles.

5. Des souverains guérisseurs

Très rares étaient les monarques considérés comme thaumaturges, c'est-à-dire habiles à obtenir un miracle de guérison. Les souverains anglais y prétendirent tardivement, surtout pour faire pièce aux Capétiens. Ces derniers avaient toujours été – puisque les premières guérisons furent attribuées à Robert le Pieux (996-1031) – guérisseurs d'écrouelles (scrofules d'origine tuberculeuse).

Le lendemain ou le surlendemain du sacre, le Roi touchait les scrofuleux, venus nombreux dans l'espérance de guérir. Henri II s'était contenté de quelques malades ; Louis XIII, malgré son très jeune âge, s'appliqua à en toucher 868. On vit venir 2 000 malades aux sacres de Louis XIV et de Louis XV, près de 2 500 à celui de Louis XVI. Jusqu'à Louis XIV, la formule rituelle d'imposition des mains était : « Le Roi te touche, Dieu te guérit. » Au XVIIIe siècle on entendait : « Dieu te guérisse, le Roi te touche ».

Le duc de Croÿ décrit ainsi, à la date du 14 juin 1775, le toucher des scrofuleux, près de la vieille église Saint-Remi de Reims, trois jours après le sacre de Louis XVI :

« Les malades, dont beaucoup de jeunes gens, ...tenaient des deux côtés, quoiqu'il y en eût plus de deux mille quatre cents, tous écrouelleux vérifiés et qui en montraient bien les marques. A cause de la chaleur, cela puait et était d'une infection très marquée, de sorte qu'il fallait bon courage et force au Roi pour faire toute cette cérémonie... La foi de ces bonnes gens était bien remarquable, ...de sorte que, ne fût-ce que par l'extrême révolution que cela leur fait, je ne serais pas étonné que plusieurs aient été guéris. »

Le toucher des écrouelles se pratiquait aussi aux grandes fêtes de l'année, celles où le monarque faisait « son bon jour », c'est-à-dire communiait. Mais le sacre avait toujours été le point de départ de ces rencontres du prince avec les pauvres malades. Il y avait dans le sacre, pensait-on alors, « communication d'un pouvoir miraculeux dont le souverain devenait le détenteur » (R. Darricau).

On ne parle pas du toucher des malades dans les récits du sacre de Henri IV (Chartres, le 27 février 1594). Certes, ce n'était point une cérémonie comme les autres. La guerre civile continuait ; on n'avait pu aller quérir la sainte ampoule à Saint-Denis et l'on avait dû se contenter d'une fiole de chrême venue de l'abbaye de Marmoutier. Peut-être le Roi se jugeait-il trop nouveau dans son rôle de catholique pour exercer sa fonction thaumaturgique ; peut-être pensait-il aussi que le parti de la Ligue y trouverait matière à ironie. Plusieurs hypothèses sont possibles.

Au reste, puisque Henri avait accepté d'être le Très-Chrétien, il avait tacitement décidé de pleinement tenir son rôle. Un Roi non thaumaturge eût semblé un faux roi. Guérir faisait partie de sa légitimité ; guérir s'accordait aussi à son génie secret, « celui de correspondre aux attentes populaires, aux images légendaires » (Y.-M. Bercé). C'est pourquoi la thaumaturgie l'obséda tout au long de son règne. « Sa Majesté admirait ce don, prenait quelquefois grand argument de là pour la confirmation des peuples en son obéissance... Dieu y ajoutait encore ces guérisons miraculeuses et fréquentes, lequel voyait encore mieux son cœur » (André Du Laurens). L'ancien protestant procédait donc, au moins quatre fois l'an, au toucher des scrofuleux. Les malades affluaient, venus de loin, jusque des Pyrénées. Henri IV put même, à Pâques de 1606, toucher à Reims 675 écrouelleux, renouant ainsi « solennellement avec la longue coutume des miracles champenois » (Bercé).

Si les rois de France pensaient avoir de tels pouvoirs miraculeux, ils avaient aussi un grand pouvoir temporel.

6. *Les droits régaliens*

On appelait droits régaliens les droits du Roi. Ils marquaient l'étendue de sa souveraineté. Les anciens juristes en comptaient quinze ou vingt. Le premier nommé était toujours le pouvoir législatif (faire la loi, l'interpréter ou la modifier). D'autres concernaient la titulature. Le roi de France était « Sa Majesté » le Roi, et se disait Roi « par la grâce de Dieu » (depuis Hugues Capet). Il ne l'était donc ni par celle du pape, ni par celle de l'Empereur. Nombre de droits régaliens s'alignaient comme une table des matières du pouvoir exécutif : le droit de déclarer la guerre, de conclure la paix, et de traiter par voie d'ambassadeurs ; le droit de battre monnaie ; le droit de convoquer états généraux et états* provinciaux ; le droit de nommer dignitaires, officiers* et commissaires*, toutes personnes vouées au service de l'État.

Plusieurs droits concernaient les personnes et les biens. Le prince pouvait excepter de la rigueur des lois (gracier un condamné ou commuer la peine, accorder immunités ou privilèges. Le droit d'assujettir aux impôts ou d'en exempter était le prolongement du précédent (la noblesse se trouvait exemptée de la taille* personnelle, mais aussi la plupart des officiers commensaux*, les Parisiens, etc.).

Le roi de France avait pouvoir de changer le statut des personnes. Il avait le droit de naturaliser les étrangers, de légitimer les enfants naturels (Henri IV et Louis XIV usèrent de ce droit en faveur de leurs bâtards), d'anoblir les roturiers*.

Quelques droits régaliens soulignaient l'indépendance du roi très chrétien par rapport à Rome et à l'Église. Le souverain pouvait convoquer des conciles nationaux ou provinciaux. C'était là le sommet du gallicanisme* royal, *ultima ratio* de la défense et illustration des privilèges de l'Église de France. L'indépendance du roi très chrétien vis-à-vis de la papauté apparaissait surtout dans le droit de « régale ». Ce pléonasme recouvrait le droit royal de percevoir les revenus des évêchés vacants jusqu'à ce qu'un nouveau prélat ait prêté serment. L'exercice de ce droit déclencha le grave conflit opposant Louis XIV au Saint-Siège.

Les autres prérogatives royales n'étaient pas oubliées des juristes, mais si ces derniers se sont donné le mal de réunir et commenter ces droits, c'était parce que le monarque ne disposait pas de tous droits.

L'interminable liste des droits régaliens donne l'impression d'une omniprésence du monarque, et elle induit en erreur, comme trompe l'expression de monarchie absolue. Mais si le juriste s'intéresse à la théorie du pouvoir, l'historien doit souligner le caractère relatif de ce pouvoir même. Un Roi d'ancien régime, même autoritaire, était plus désarmé (faute de renseignements, faute d'une vraie police, en raison de la lenteur des communications et de la sous-administration) que le plus débonnaire des présidents de démocratie moderne.

On insiste beaucoup sur ce fait que le Roi réunissait entre ses mains les trois pouvoirs (législatif, exécutif et judiciaire), mais nombreux étaient les contre-pouvoirs transformant la monarchie absolue en un régime tempéré.

7. Les frontières théoriques du pouvoir absolu

L'adage « Une foi, une loi, un Roi », contrairement à ce qui est dit trop souvent, n'attribue point au souverain un pouvoir sans limites. Au contraire, c'était comme un cahier des charges résumant, à l'intention du prince, la contrepartie du droit divin.

Une foi ? Ce rappel premier soulignait que le Roi, comme ses sujets et sans doute plus qu'eux, devait être soumis à Dieu. A la limite, la souveraineté n'est pas de ce monde.

Une loi ? Si le monarque avait à obéir au Décalogue (la

loi de Dieu), il devait encore obéissance à d'autres lois : 1° aux décrets, implicites mais contraignants, du droit* naturel (on appelait loi naturelle la morale universelle, commune aux païens et aux chrétiens, qui prescrivait notamment le respect des personnes et des biens) ; 2° aux lois* fondamentales.

Les lois fondamentales, ou « lois du royaume » – au cœur desquelles se trouvait la loi de succession de la Couronne – représentaient la constitution* coutumière de la France. Elles étaient antérieures et supérieures au Roi, imprescriptibles et souveraines. Ces lois fondamentales, les vieux juristes aimaient à dire que le Roi même se trouvait « dans l'heureuse impuissance de les violer ».

Un Roi ? Oui, un roi et non un tyran, puisque le prince ne trouvait place qu'après le domaine de la foi, le droit naturel et l'ordre constitutionnel. Le souverain régnait et gouvernait ; il ne pouvait tout régler selon son caprice. Les actes* royaux, ou « lois du Roi », émanés de sa volonté, ne devaient ni contrarier la loi de Dieu, ni contrevenir à la loi naturelle, ni violer les lois fondamentales sur lesquelles veillait jalousement le Parlement en sa qualité de « consistoire des lois ».

Ainsi, non seulement les lois du royaume transcendaient les pouvoirs du Roi, mais elles limitaient son autorité. Elles orientaient, par leur existence même, l'exercice par le prince de ses fonctions de législateur, puisque les lois du Roi n'étaient légitimes que dans la mesure où elles respectaient les règles et principes des lois du royaume. Monarchie absolue, la monarchie française se trouvait donc être aussi partiellement « constitutionnelle », dès lors qu'une constitution coutumière en fixait les limites.

8. Le Roi et la loi de Dieu

Marqué par le sacre*, ce « huitième sacrement », prêtre honoraire et même « évêque du dehors », le roi de France se doit de donner l'exemple. Certes il est homme, et pécheur comme tout homme, et il lui est souvent difficile de cacher les éventuels désordres de sa vie privée. Henri III, Henri IV, Louis XIV, Louis XV surtout, familiers de l'adultère, furent pécheurs publics ; mais les Français d'alors savaient, par l'histoire sainte, qu'on en pouvait dire autant du roi David et de son fils Salomon, oints du Seigneur et amis de Dieu.

Si le Roi n'est point un saint de vitrail, du moins se soumet-il aux commandements de l'Église. La communion pascale lui est occasion d'avouer ses fautes au confesseur et de déclarer son « ferme propos » de ne plus chuter. Bien plus, le roi de France s'impose le devoir d'assister quotidiennement à la messe, afin d'inciter ses sujets à ne pas y manquer le dimanche.

Les Valois et les Bourbons attachent grand prix au fait qu'ils descendent de saint Louis. Au XVIIe siècle, la Saint-Louis (25 août) est fête nationale. Louis XIV aime ce jour-là entendre un panégyrique de son édifiant ancêtre. Saint Louis, modèle de l'obéissance à la loi de Dieu, est devenu archétype et prototype du « prince chrétien », un idéal que prédicateurs et confesseurs ne cessent de célébrer pour stimuler le zèle des rois de France.

Les Français n'ignorent rien de tout cela et, depuis le début de la contre-Réforme, le thème du prince chrétien passe, chez les catholiques, avant même la notion de droit divin. Le peuple n'ignore pas non plus les écarts de conduite de ses Rois. Jusqu'à Louis XIV inclusivement il pardonne au souverain régnant ses maîtresses et ses bâtards. Le pardon est une vertu chrétienne (« Pardonnez-nous nos offenses, dit le Notre Père, comme nous pardonnons... »). Au contraire, le XVIIIe siècle, malgré la montée de l'individualisme, se montre moins porté à excuser la vie privée d'un Louis XV. Cependant, avec le chapitre des adultères du souverain, s'il peut y avoir matière à insinuations et à critiques, il n'y a pas matière à révolte.

Tel ne serait pas le cas si le roi de France avait été bigame, ou encore s'il s'était converti à l'Islam. Ce type de violation extrême de la loi chrétienne aurait à coup sûr fait douter de la légitimité du Très-Chrétien. Les gens d'Église – se référant à saint Thomas d'Aquin et à toute une tradition scolastique –, les juristes, les magistrats et bien d'autres eussent violemment dénoncé pareils écarts et eussent, sinon prôné, du moins admis le devoir de révolte contre un monarque despote et sacrilège. Il n'est pas sûr que semblable menace n'ait pas joué dans l'esprit de François Ier, au temps où il avait pu être tenté d'adhérer à la Réforme. Mais il est sûr que la rébellion ouverte de la Ligue à la fin du règne de Henri III, lorsque pointait l'éventualité de l'accession au trône d'un prince protestant (Henri de Navarre, futur Henri IV), relevait de ce même « devoir de révolte ». Car les limites dites « théoriques » du pouvoir absolu, loin d'être purement idéales ou idéologiques, furent toujours présentes, projetant leur ombre derrière la couronne des Rois.

9. Les lois fondamentales

« Elles forment les normes supérieures et inviolables de la monarchie dont elles sont la *constitution coutumière* dans laquelle le Roi légitime évolue » (J. Barbey). Ce sont les « lois du royaume » – ainsi les nomme-t-on depuis le XVe siècle –, supérieures, non seulement aux lois du Roi, mais au Roi même. Inséparables de la Couronne, elles en règlent la dévolution, en assurent la continuité, protègent les sujets du Roi contre la tentation d'arbitraire, protègent le Roi contre lui-même. L'expression de « lois fondamentales du royaume » apparaît, semble-t-il, en 1575. Mais ces lois fondamentales ou lois du royaume, représentant la cristallisation de vénérables coutumes, ont des racines beaucoup plus lointaines, déjà perceptibles au XIIe siècle. C'est Jean de Terrevermeille qui en a fait un corps de doctrine en 1419, précisé ensuite par presque tous les publicistes – Bodin, Loyseau, Le Bret – et par Bossuet (« Les rois sont donc soumis comme les autres à l'équité des lois. » Il leur faut « garder les anciennes maximes sur lesquelles la monarchie a été fondée et s'est soutenue »).

Depuis 1588 la liste des lois fondamentales était close, limitée aux « règles de dévolution de la Couronne et d'inaliénabilité du domaine* royal », ou, si l'on préfère, aux « règles d'attribution de la fonction royale et de dotation de cette fonction ». Cela n'empêcha point le Parlement, en sa qualité de défenseur des lois du royaume, de prétendre mettre au rang des lois constitutionnelles *les privilèges de l'Église de France*. Cela n'interdit pas aux états généraux de 1614 d'inventer une *loi d'indépendance*, indépendance du Roi par rapport au pape et à l'Empereur. Ces tentatives ayant avorté, la constitution du royaume se limita aux règles anciennes.

La loi déclarant inaliénable le Domaine, confirmée au XVIe siècle (ordonnance de Moulins de 1566), fut la moins bien respectée des lois du royaume. Elle laissait, en effet, au souverain, une marge de manœuvre, puisqu'elle tendait à diminuer la constitution d'apanages, mais sans les interdire, et puisqu'elle permettait les « engagements » temporaires du Domaine, en les distinguant des aliénations. Cependant, même écornée, la loi d'inaliénabilité du domaine royal gardait son importance première et symbolique. Elle rappelait au Roi et au peuple que la Couronne était antérieure et supérieure au Roi ; que le Roi, seulement usufruitier, n'était nullement propriétaire de son royaume. C'est en quoi la monarchie se distinguait tout à fait de la tyrannie ou du despotisme à l'orientale.

Le noyau dur, essentiel, imprescriptible, de la constitution française coutumière était représenté par les lois de succession au trône (souvent évoquées sous l'appellation de « loi salique »), dégagées « sans plan préconçu, sans idéologie ni théorie » mais « de façon pragmatique, sous la seule inspiration des événements » (J. Barbey) et sans consultation du prince.

Les règles capétiennes de succession étaient au nombre de sept : hérédité, primogéniture, masculinité, collatéralité, indisponibilité de la Couronne, continuité de la Couronne, catholicité. Cette ordonnance « coutumière rigide, paradoxalement renforcée par ses tentatives de violation » (Frédéric Bluche), s'était surtout forgée ou renforcée aux XIVe et XVe siècles.

L'hérédité. – De Hugues Capet à Philippe Auguste, il y eut hérédité de fait. Les Rois avaient au moins un fils, qu'ils associaient au trône et faisaient sacrer. Depuis Philippe Auguste (1180-1223), l'hérédité devint une coutume légale. Il ne sembla plus nécessaire de recourir aux sacres préalables.

La primogéniture. – Coutume complémentaire, la règle de primogéniture se rattache à un précédent fort lointain, datant de Robert le Pieux (1027).

La masculinité. – Elle est connue du peuple par le proverbe : « Le royaume de France ne saurait tomber en quenouille. » Cette règle fut observée spontanément par les Capétiens, comme elle l'avait été au temps des Mérovingiens et des Carolingiens. Une femme pouvait exercer la régence, non la fonction royale. Le Roi était guerrier et quelque peu prêtre (par le sacre), deux attributs qui excluaient les filles. La déclaration solennelle de la coutume de masculinité, imposée par les crises de 1316* et de 1328*, ne fit que confirmer le droit préexistant.

La collatéralité masculine. – Cette règle découlait de la précédente. Un collatéral par ligne masculine, même parent éloigné (le cas extrême sera en 1589* celui de Henri de Navarre, parent de Henri III au vingt et unième degré !), devait passer avant un collatéral plus proche, mais relié au défunt Roi par les femmes.

L'indisponibilité de la Couronne. – Cette règle fut admise depuis 1419. Elle condamnait par avance les clauses du traité de Troyes (1420), par lequel Charles VI prétendait disposer de son royaume en faveur de la dynastie anglaise. Un roi de France ne pouvait choisir son successeur (le testament de Louis XIV habilitant à succession le duc du Maine et le comte de Toulouse, ses enfants légitimés, sera donc anticonstitutionnel). Il ne pouvait abdiquer. De même, un prince du sang n'avait-il pas la faculté de renoncer à son droit de succéder (il en résulte que seront nulles et inconstitutionnelles les renonciations de Philippe V en 1712*, de Philippe Égalité en 1792, de Charles X et du duc d'Angoulême, son fils, en 1830).

La continuité de la Couronne. – Longtemps l'on crut qu'il fallait un sacre pour faire le Roi. Mais alors, comment combler le vide juridique créé entre la mort du Roi et le sacre de son successeur ? Une réponse coutumière fut trouvée, avec la règle de continuité de la Couronne. De même que l'on disait, en droit privé : « Le mort saisit le vif », on en vint à admettre, au début du XVe siècle, que le successeur du prince, prédestiné à la Couronne et non simple héritier, voyait, dès la mort de son prédécesseur, actualiser sans délai sa qualité royale potentielle. La monarchie française n'était pas « héréditaire », mais « successible ». En résulta la formule fameuse, employée depuis les funérailles de Charles VIII en 1498 : « Le Roi est mort ; vive le Roi ! » En résulta aussi l'adage connu : « Le Roi ne meurt jamais. »

La catholicité. – L'appartenance du roi de France à la religion romaine était si évidente qu'elle demeura implicite. Les serments du sacre, à eux seuls, suffisaient-ils pas aux théologiens, aux juristes et au peuple ? Si le Roi jurait d'extirper l'hérésie, était-ce point la meilleure garantie de sa fidélité confessionnelle et de son orthodoxie ? L'engagement des Valois du côté de la contre-Réforme* semblait une garantie supplémentaire. Mais l'assassinat de Henri III en 1589 vint tout compliquer. Henri de Navarre, le successeur légitime, appartenait à la religion réformée. Ce fait ne lui enlevait-il pas son droit de succéder ? La Ligue prétendit alors faire passer la loi de catholicité avant toutes les autres composantes du code de succession royale. La sagesse du Parlement trouva, en 1593, un heureux compromis. L'arrêt du président Le Maistre déclarait inséparables les diverses règles coutumières de succession au trône, en l'espèce la « loi salique » tout autant que la loi de catholicité. Aux termes de l'arrêt, si la loi de catholicité – imprescriptible – interdisait à Henri IV d'être *Roi légitime*, la loi salique n'en avait pas moins fait de ce prince le *successeur légitime*. Autrement dit, le Navarrais, incontestablement *Roi de droit*, ne pouvait devenir *Roi d'exercice* « que sous condition suspensive de sa catholicité ». Henri IV, homme intelligent, et qui avait déjà cinq fois oscillé entre catholicisme et protestantisme, s'empressa d'abjurer (juillet 1593). La crise était surmontée. Le sacre de 1594 allait sceller la réconciliation du peuple avec son Roi.

Chose remarquable, et peu connue, la constitution de 1791, après avoir nié l'existence d'une constitution royale coutumière, gardera une partie des lois fondamentales, conservant la loi salique (dans la royauté constitutionnelle les Bourbons d'Espagne, aînés de la branche aînée, seraient donc passés avant la branche d'Orléans).

Construite et consolidée au fil des siècles, la loi de succession française était sans prix. Elle assura huit siècles de continuité. Durant le même temps l'Angleterre, des anciens rois saxons jusqu'aux Hanovre, connaissait neuf changements de dynasties ! Ne parlons pas de Rome et de la succession des Césars.

10. Les limites pratiques au pouvoir absolu

« Prends garde de ne pas te césariser », se répétait Marc Aurèle, Empereur philosophe. Si les rois de France avaient eu la tentation du despotisme, nombre de garde-fous les eussent retenus. Certes, tout pouvoir tend généralement à s'étendre et à s'augmenter. Ni les Valois, ni les Bourbons n'échappèrent à ces tentations. Mais ces mêmes rois de France qui ont, de François Ier à Henri IV, préparé, et de Louis XIII à Louis XVI imposé ce type de gouvernement modéré que nous appelons aujourd'hui « monarchie administrative », ont refusé de détruire tout ce qui pouvait freiner le jeu administratif du régime. La France de Louis XVI est loin d'être centralisée, unifiée et soumise. C'est la Révolution qui imposera le pouvoir absolu d'un État centralisateur.

Même Richelieu, même Louis XIV se sont accommodés d'une diversité linguistique, administrative, judiciaire, provinciale, d'un tissu de « libertés »* et de « privilèges » dont l'existence, l'enracinement et la vitalité faisaient obstacle au pouvoir royal. Nous retrouverons ces éléments, mais il n'est sans doute pas inutile de les évoquer rapidement.

La langue française était minoritaire, langue de l'État, de la noblesse et de la bourgeoisie. Dialectes et patois dominaient, et les curés prêchaient le dimanche en patoisant. La France n'était pas soumise à un même droit privé. Et lorsque, pour simplifier, l'on oppose le droit coutumier du Nord au droit « écrit » (c'est-à-dire romain) du Sud, c'est oublier que la coutume de Paris n'est pas celle de Bretagne, ni cette dernière celle de Normandie. Le Roi a dû, à chaque agrandissement du royaume, reconnaître et confirmer les privilèges anciens des provinces conquises (Flandre, Hainaut, Alsace, Franche-Comté, Roussillon). La Comté a été conquise en 1674, réunie par traité en 1678 ; or ce n'est qu'en 1692 qu'on ose y introduire le régime français de vénalité des offices*.

La société est une société de corps – nous y reviendrons –, corps de métiers ou corporations, universités, académies, compagnies d'officiers*, basoche, corps de ville, confréries, etc. Brochant sur le tout, les cours* souveraines, ces corps constitués chers à Montesquieu, qui voyait en eux la meilleure défense contre le despotisme.

Le jeu administratif était freiné par le fait même que le Roi ne contrôlait point toutes les administrations : l'Église de France avait ses tribunaux (les officialités*), son régime fiscal (don* gratuit, décimes*), son administration. Les impôts indirects de l'État ne dépendaient pas de fonctionnaires de l'État, mais d'une compagnie d'économie mixte, fort indépendante, la ferme* générale. Ni royale, ni étatique. Il n'y avait pas plus d'unité administrative dans le royaume que d'uniformité dans l'administration royale elle-même. La majorité des provinces entrait dans la catégorie des « pays d'élections » – où la fiscalité royale était uniforme et directe sous le contrôle des intendants. Mais d'importantes zones demeuraient « pays d'états », avec leurs états provinciaux, capables de gêner le gouverneur* et l'intendant, avec leur fiscalité et leur administration particulières. Quant à l'administration royale, si, depuis Louis XIII, elle dépendait beaucoup plus de « commissaires »*, fonctionnaires nommés par le Roi, elle restait majoritairement entre les mains des « officiers »*, c'est-à-dire d'agents de l'État fort indépendants puisque propriétaires de leur office et depuis Louis XI inamovibles.

Mais ce qui montrera surtout le caractère limité d'un pouvoir réputé absolu, c'est l'existence de forts contre-pouvoirs restreignant les trois grands pouvoirs du Roi.

Dans *L'Esprit des lois* (1748) on sait que Montesquieu a prôné la séparation des pouvoirs (législatif, exécutif, judiciaire) dont il avait cru reconnaître l'existence en Angleterre. En fait, il faudra attendre la constitution des États-Unis d'Amérique (1787) pour voir établir cette séparation. La France traditionnelle n'avait jamais été troublée par la réunion des trois pouvoirs, dès lors que les Rois avaient su, au moins depuis saint Louis, établir et maintenir l'indispensable « séparation des organes » (Olivier Martin). Si le roi de France réunit entre ses mains les trois pouvoirs, il ne prétend point en faire un absolu, et d'ailleurs il les partage beaucoup.

11. Les lois du Roi étaient canalisées

Nous savons que le pouvoir législatif du monarque avait une triple limitation théorique : le respect de la loi divine, de la loi naturelle et des lois fondamentales. Il en résultait que les « lois du Roi » ne pouvaient dépendre de son caprice.

Les conditions dans lesquelles la loi se prépare, se rédige, s'enregistre et s'applique n'évoquent ni les rescrits des empereurs romains, ni les ukazes des tsars de Moscovie. Le Roi, certes, a en France l'initiative des lois, mais nombre d'actes* royaux sont des arrêts* du Conseil recopiés et présentés sous forme de lettres* patentes. Dans les autres cas, le contenu de la loi, proposé au monarque par le ministre compétent – d'abord au cours du travail* du Roi, puis en Conseil* –, a été concerté et discuté avant de prendre forme. Cette forme acquise, l'acte royal, signé par Sa Majesté, est toujours contresigné par le ministre (ex : *Louis*, et en dessous *Phelypeaux*). Pouvoir et contre-pouvoir. Si le Roi a poussé à la roue – chose assez rare – pour imposer sa volonté, la signature du ministre est là pour rappeler que le prince n'a pas été seul à légiférer. Si c'est le ministre qui a décidé le souverain à accepter telle initiative, la signature du Roi, non contente de donner au texte force de loi, montre aux administrateurs et au peuple de France que Sa Majesté a su se laisser convaincre pour le bien de l'État et du peuple (à ce dernier schéma se rattachent les principaux édits* émanés de Turgot et de Necker sous le règne de Louis XVI). L'œuvre législative, ainsi observée, conduit tout à l'opposé de la légende du « bon plaisir » ou de l'arbitraire.

Dans le royaume de France il est admis que « la loi n'oblige que publiée ». Les cours de justice souveraines, parlement de Paris en tête, ont le privilège d'enregistrer les actes royaux. Depuis le XIVe siècle, elles se permettent à l'occasion des remontrances* avant enregistrement. Dès lors, sans être officiellement associé au pouvoir législatif, le Parlement (sauf entre 1673* et 1715*) exerce *de facto* un véritable contre-pouvoir. Quand tout se passe sans heurts, la monarchie y trouve son compte, renforçant son caractère tempéré. « Tous ceux qui ont voulu fonder la liberté d'une république bien ordonnée, ont estimé que c'était lorsque l'opinion du Souverain Magistrat était attrempée par les remontrances de plusieurs personnes d'honneur, étant constituées en état pour cet effet ; et quand en contre-échange ces plusieurs étaient contrôlés par la présence, commandement et majesté de leur prince » (Étienne Pasquier). Lorsque le conflit devient endémique, ce qui est le cas entre 1715 et 1789, les excès du contre-pouvoir parlementaire, au lieu de freiner le pouvoir du Roi, l'irritent et l'incitent presque à l'autoritarisme.

Enfin l'on oublie trop une vérité simple et cybernétique : la loi du Roi est protégée de la tentation despotique par la présence vivante, rassurante et protectrice, des précédentes lois du Roi.

Dès le XIIe siècle, en effet, la France est un État de droit, bien mieux doté en lois précises que le reste du monde civilisé. Par ses légistes, depuis le XIIIe siècle, la France s'est faite héritière de la Rome antique. On a laissé le droit romain pénétrer et ordonner les coutumes. La monarchie, aidée par ses magistrats, a fait un gros effort de codification (les Établissements de saint Louis, l'ordonnance de Villers-Cotterêts de 1539*, le code Michau de 1629, les grandes ordonnances de Louis XIV et de Colbert, etc.). « France, mère des arts, des armes *et des lois* », écrivait au XVIe siècle Joachim du Bellay.

Du Bellay, direz-vous, est poète. Ce n'est pas le cas du politique auteur du *Prince*. Pour Machiavel, écrivant ces lignes vers 1516 ou 1517, c'est-à-dire au début du règne de François Ier, les rois de France, quoique absolus, sont « de bons rois », « le *gouvernement* de ce royaume étant, de notre connaissance, le plus *tempéré par les lois* ». Et, ailleurs : « Le royaume de France est heureux et tranquille, parce que le Roi est soumis à une infinité de lois qui font la sûreté des peuples. » Dion Chrysostome, rhéteur du Ier siècle, avait écrit déjà : « La loi est la reine des rois. »

Enfin, par tradition, les actes royaux débutaient sous l'ancien régime par un exposé des motifs qui constituait un appel à l'opinion. Turgot en usa beaucoup, puis Necker qui y voyait la part de démocratie incluse dans la monarchie française.

12. Les freins institutionnels

Certaines institutions, royales ou/et coutumières, pouvaient aussi quelque peu brider le pouvoir du monarque. C'était le cas des parlements (Paris depuis le milieu du XIIIe siècle ; Toulouse, Grenoble, Bordeaux, Dijon, Rouen au XVe siècle ; Aix, Rennes, Navarre, Metz, Besançon, Flandres, Nancy), des chambres* des comptes et des cours* des aides. Les autres cours* souveraines (grand* conseil et cours* des monnaies) étant en général moins ombrageuses. Issus de la volonté du Roi – soit qu'ils aient été créés par lui, soit que, déjà existants sous une souveraineté étrangère, ils aient été reconnus et confirmés dans le cadre de la France –, les parlements ne se gênaient pas, sous l'ancien régime, pour contrarier le monarque.

Ils y étaient poussés par le statut même des magistrats, propriétaires de leurs charges et, depuis Louis XI, inamovibles. Ils en avaient la possibilité grâce au droit de remontrance que leur avait concédé le Roi. Car les parlements, non contents de rendre souverainement la justice, comme aujourd'hui les cours d'appel, avaient le privilège d'enregistrer les actes royaux et le droit, avant enregistrement, de rédiger des remontrances et les présenter au Roi. Il pouvait y avoir – ce fut souvent le cas sous Louis XV – une navette, et la présentation d'« itératives remontrances ». Après quoi, si le Roi persistait, l'acte royal était imposé. Il l'était, tantôt le Roi présent en Parlement : on appelait cela un « lit* de justice » ; tantôt par « lettres de jussion » du prince, obligeant la cour souveraine à registrer l'édit en cause. Depuis 1715, MM. du Parlement avaient transformé en habitude remontrances et blocage législatif. Le Roi devait souvent leur adresser des lettres* de cachet, voire les exiler (1720, 1732, 1753-1754). Les parlementaires, de leur côté, multipliaient les assemblées générales et les grèves de la justice.

Le parlement de Paris s'était de lui-même érigé en gardien des lois du royaume (ou lois* fondamentales) ; et nul, même le Clergé, n'était plus gallican* que lui. Mais, de surcroît, il avait, depuis la Fronde (1648-1653), pris l'habitude d'évoquer le bien public, de brandir l'intérêt du peuple, cela pour mesurer l'opportunité ou l'inopportunité des lois du Roi. Il aurait suffi, au milieu du Grand Siècle, d'un pouvoir faible, pour que le parlement de Paris se transformât en parlement de type anglais, d'abord maître des finances, ensuite maître du législatif.

Louis XIV parvint à le calmer et à diminuer ses prétentions. La cour « souveraine » ne fut plus que cour « supérieure » ; depuis 1673, le Parlement devait enregistrer les actes royaux, avant toute éventuelle remontrance. Vexé, il cessa provisoirement d'en rédiger. Après la disparition du vieux Roi, on sait avec quelle force accrue les robins reprirent leurs habitudes de contestation permanente.

Entre 1614 et 1789 il ne fut, en revanche, plus question des états généraux. Cette institution coutumière, existant depuis 1302, avait tant profité des troubles du XVIe siècle et elle s'était montrée si insupportable en 1614, que le Roi cessa de la convoquer. La fin de l'ancien régime s'en passa donc, perdant en même temps, non vraiment de sages conseillers, mais un dialogue avec les représentants des trois ordres*, interprètes plus ou moins fidèles de l'opinion publique. Pour sauver le régime, il eût probablement fallu que l'un des trois derniers Bourbons prît le risque de convoquer à nouveau les états généraux. Non comme en 1788-1789, en position de faiblesse et devant un Trésor vide, mais en position de force et sans donner prise au chantage. Louis XIV aurait pu y songer en 1679 ou 1680, au sommet de sa gloire, après les traités de Nimègue ; Louis XV eût pu le faire en 1748, au terme d'une guerre victorieuse, dans un pays prospère aux finances bien gérées par le contrôleur Orry ; Louis XVI eût dû le faire en 1783, au lendemain du traité de Versailles qui avait humilié l'Angleterre et donné l'indépendance aux États-Unis.

A défaut d'états généraux inquiétants, les Rois devaient

compter avec une autre institution coutumière, celle des états provinciaux. Ils régnaient sur le tiers du royaume. Ils avaient été rognés par Richelieu, mais représentaient encore une force notable. Ils étaient surtout puissants en Bretagne et en Languedoc. Ils existaient en Bourgogne, en Dauphiné, en Provence. Ils étaient moins folkloriques que leur apparence dans les vallées pyrénéennes. Des provinces comme Languedoc et Bretagne gardaient des privilèges imprescriptibles, fiscaux et administratifs, limitant quotidiennement l'autorité des intendants. C'était surtout le cas en Bretagne, où les états provinciaux et le parlement de Rennes se montraient solidaires. Ce fut au point que Louis XIV, ce Roi autoritaire, hésita un quart de siècle avant d'imposer à la Bretagne son administration. L'envoi d'un intendant ne se fit qu'en 1689, six ans après la mort de Colbert. Cela voulait dire qu'il avait semblé plus facile à Louis XIV (ce prince le mieux obéi du continent) de révoquer l'édit de Nantes en 1685, que d'envoyer un intendant en sa bonne ville de Rennes.

13. Justice retenue et justice déléguée

Le roi de France était juge suprême. « Le droit de justice appartient en France au Roi seul » (Ferrière). Il a « le droit et le devoir de rendre la justice » (F. Monnier). S'il ne siège plus, comme son ancêtre saint Louis, sous le chêne de Vincennes, les juristes et le peuple savent que le roi de France n'a pas abandonné sa prérogative judiciaire. Pour les premiers on distingue donc une justice retenue et une justice déléguée ; mais, aux yeux du peuple, une large part de la justice dite « retenue » ressemble, comme une sœur, à de la justice déléguée, et chacun comprend que Sa Majesté n'abuse pas de sa prérogative et qu'elle partage avec libéralité le pouvoir judiciaire.

La justice retenue, sous l'ancien régime, s'était faite de plus en plus rare. Certes l'on vit en 1588 un Henri III décider lui-même l'élimination des Guises ; mais pouvait-il y avoir longtemps deux rois concurrents en France ? Certes l'on vit le jeune Louis XIII ordonnant l'assassinat de Concini, favori abusif ; mais ce fut encore un cas extrême. A l'opposé, le monarque n'était point avare du droit de grâce, éminent droit* régalien.

La justice retenue du souverain s'exerçait parfois en un contrôle des institutions judiciaires. Si le Parlement semblait au Roi trop enclin à la partialité, le prince pouvait « évoquer » telle cause devant son conseil* privé, ou devant le grand* conseil. Enfin ressortissait à la justice retenue l'usage des lettres de cachet, si nombreuses à la fin de l'ancien régime, si attaquées dans les Cahiers de 1789. « La plupart des lettres de cachet étaient sollicitées par les particuliers pour le règlement de leurs affaires privées... Elles présentaient l'immense avantage d'éviter aux familles l'infamie et le déshonneur auxquels les eût immanquablement exposées une condamnation régulière prononcée par la justice déléguée » (J.-M. Carbasse).

Jugeant *à la place* du Roi – et dans cette mesure relevant de la justice retenue, le conseil privé connaissait souverainement des causes « évoquées » devant lui par le prince. Il intervenait aussi comme « suprême régulateur des compétences » des parlements. Enfin il avait mêmes attributions que notre actuelle cour de cassation. Appuyé sur son indépendance – son président, le Chancelier*, était inamovible ; les trente conseillers* d'État, ses principaux membres, n'étaient pas moins inamovibles ; les quatre-vingts maîtres* des requêtes étaient propriétaires de leurs offices –, ce conseil privé (ou conseil d'État) était parfaitement maître de ses décisions. A cet égard, il se distinguait peu de la justice déléguée.

Cette dernière, celle des institutions judiciaires royales (parlements et autres cours, présidiaux*, bailliages*, élections*, maîtrises des eaux et forêts, etc.), rendait la justice, au civil et au criminel, par délégation du souverain. Mais elle le pouvait faire en toute liberté, puisque ses magistrats étaient irrévocables et propriétaires de leurs offices. Il paraîtrait que, Henri IV ayant irrité le premier président de Harlay par une intervention intempestive, se serait attiré cette réponse insolente : « Sire, prenez les sacs et jugez vous-même ! » Mais il est sûr que, lors de l'affaire du Collier, la reine Marie-Antoinette, sollicitant les juges du Parlement, se heurta chaque fois à une indifférence glacée. Il y avait une justice en France et, sur ce point, une séparation des pouvoirs.

14. La vénalité des offices

La vénalité des offices était à bien des égards « le mal français » (A. Peyrefitte). Elle fut rudement dénoncée dans les Cahiers de 1789, comme « une source de ruine pour le peuple, une occasion ouverte à mille gens sans lumières, sans science, sans talents, sans probité, de parvenir à des offices dont dépendent les biens, l'honneur et la vie des citoyens » (Clergé de Bouzanville, évêché de Toul). Cette vénalité symbolisait une sorte de mur d'argent, considéré par le tiers état comme intolérable.

Les offices régnaient sur 90 pour 100 du service public, cependant que les officiers seigneuriaux, eux aussi, achetaient leurs modestes charges. Les offices étaient une marque d'honneur, une dignité permanente (on disait jadis « ordinaire »), un objet de commerce (qu'on pouvait acheter, vendre, échanger, louer ou prêter) et une fonction publique. On achetait sa charge de conseiller au bailliage ou au Parlement ; on la revendait lorsque l'on postulait une charge de président ou un office de maître des requêtes. Tout se passait comme si le service public avait été une société immense, et comme si l'officier (de justice, police ou finance), serviteur du Roi et du public, avait acheté une part de cette société, ainsi qu'il aurait acheté une action de la compagnie des glaces de Saint-Gobain.

Le système des offices vénaux était un héritage du moyen âge, systématisé en même temps que rodé au début de l'ancien régime. Au XVIe siècle s'imposa peu à peu le droit de *survivance* (désignation, moyennant finance, du successeur à venir), cas particulier du droit de *résignation* (possibilité, en même temps que l'on présente sa démission au Roi, de lui indiquer le nom de son successeur, l'acheteur qui vous a offert un prix convenable). Encore fallait-il que le résignant survécût au moins quarante jours après le moment de sa résignation.

La paulette*, l'édit fameux de 1604, dispensa les officiers de la clause des quarante jours. On passa dès lors de la simple vénalité à l'hérédité des offices ; un système unique au monde, et non dépourvu d'inconvénients.

Du point de vue du Roi, le régime des officiers économisait tout un fonctionnariat. Au reste, en mettant en place un certain nombre de « commissaires »*, le gouvernement compensait partiellement l'indépendance des officiers propriétaires de leurs charges. De plus, les responsables des finances obtenaient périodiquement des créations d'offices inutiles (sinon sur le plan des vanités) ou le dédoublement d'offices existants. Ces expédients aidaient à renflouer le Trésor, surtout en cas de guerre, comme on le vit après 1689 tandis que Louis de Pontchartrain était contrôleur général.

Mais l'indépendance inouïe des titulaires d'offices vénaux n'avait pas tardé à gêner ou même à inquiéter le gouvernement royal. Ce sont des officiers, les magistrats du parlement de Paris, qui provoquèrent ce temps de troubles nommé Fronde. En 1644, le Roi – c'est-à-dire Anne d'Autriche et Mazarin – avait commis l'imprudence de confirmer et augmenter leurs privilèges de noblesse. Cette mesure tourna littéralement la tête des grands robins qui, notamment, n'acceptèrent pas que le prince augmentât le nombre des maîtres des requêtes, officiers plus loyalistes, véritables gens du Roi.

Au siècle suivant, l'opposition parlementaire, constante de 1715 à 1788, eût été impensable – ou du moins n'eût jamais pris cette allure d'épreuve de force qui fut la sienne –, si 1° les magistrats du royaume ne s'étaient pas appuyés sur la vénalité et l'inaliénabilité de leurs charges, et si 2° les robins des tribunaux n'avaient pas toujours été solidaires des parlementaires.

Paradoxalement, c'étaient des magistrats nommés par le Roi (et non élus par la population), propriétaires de leurs offices (et nullement représentatifs), qui prétendaient, à l'instar du parlement de Londres (institution coutumière de consultation et de contrôle) surveiller l'exercice par le Roi de sa prérogative. Après avoir perdu patience (1766*), Louis XV finit par supprimer l'ancien parlement de Paris (1771) et par abolir partiellement la vénalité des offices. Le jour où le jeune Louis XVI, mal conseillé par Maurepas, rétablit l'ordre ancien, il condamnait son régime à terme (1774).

15. Les corps intermédiaires

Cependant c'est la structure même de la société française qui constituait la meilleure protection du royaume contre toute déviation ou tentation despotique. Car la société d'ancien régime, comme l'a très bien vu Olivier Martin, était une société de corps.

Montesquieu, lorsque dans *L'Esprit des lois* (1748) il célébrait les corps intermédiaires, seuls capables de transformer la monarchie en régime mixte et modéré, songeait, en bon président qu'il avait été, aux cours souveraines ; à des corps fortement charpentés et officiellement intégrés à l'État. Il négligea volontairement les autres ; mais jamais les Valois ni les Bourbons ne les oublièrent.

Or il exista, jusqu'au temps de la Révolution, une multitude de corps royaux, provinciaux, coutumiers, municipaux, professionnels, etc. Et ces corps, trop nombreux pour être négligés, trop puissants pour être combattus, trop liés à la vie quotidienne des sujets pour être mis en cause par le Roi, le prince était *nolens volens* tenu de les ménager.

Car, au fond, sous l'ancien régime, si presque tout était coutumier, tout était corporatif, au sens large de ce mot. Il y avait les corps savants, universités et académies. Les universités vivaient un peu sur leur réputation ancienne ; mais les académies nationales, protégées ou créées par Louis XIV, avaient prolongé l'audience de l'académie française établie en 1635 par Richelieu ; cependant que les académies provinciales, mises en route par ce même Louis XIV, n'avaient cessé de progresser au siècle des Lumières. Il y avait les corps du commerce et ceux de l'industrie. Les corps de marchands ; Six-Corps* de Paris et corporations* moins illustres (sous Louis XV, le gouvernement ne craignit point de consulter les Six-Corps). Les communautés d'arts et de métiers. Il y eut les compagnies de commerce et de finance, les chambres de commerce, etc.

Il ne faudrait pas oublier non plus les corps, compagnies et collèges d'officiers royaux ; non plus que ceux des auxiliaires de la justice, comme le *barreau* des avocats ou la *basoche* (communauté vivante et quelque peu folklorique des clercs de procureurs) ; et pas davantage les corps médicaux.

C'étaient des corps constitués, imposant leurs lois, leurs règles, leurs usages, voire leurs rites initiatiques ou festifs à l'administration, à la justice, à la vie économique, au travail artisanal. Ils représentaient en même temps le cadre de la vie sociale.

Le Français moyen, surtout durant le règne de Louis XIV, s'intéressait assez peu à la politique (on disait alors : aux « affaires publiques »). Il avait marqué beaucoup d'indifférence aux querelles opposant le Roi au parlement de Paris. Au moment de la révocation (1685) de l'édit de Nantes, il ne versa pas la moindre larme – et au contraire – sur le sort des « prétendus réformés » ; et il en alla de même en 1709 lorsque Port-Royal des Champs fut victime de l'intolérance du dernier confesseur de Sa Majesté. Par contre, ce même sujet du Roi, le même Français moyen, s'intéressait fort à ses privilèges (si minuscules fussent-ils), exemptions, immunités, prérogatives de corps. Or de semblables privilèges se rencontraient à tous les niveaux : il y avait ceux des avocats ès conseils du Roi, ceux des officiers de l'Artillerie, les privilèges des ouvriers des monnaies, etc.

Nous devons comprendre qu'il était plus facile pour le Roi de brider – ce fut le cas – le parlement de Paris que de s'attaquer aux Six-Corps (ce que Sa Majesté se garda de faire).

Le propre de ces corps constitués était de former le corps même du royaume ; car la remise en question de n'importe quel privilège hérissait aussitôt des dizaines de groupes privilégiés voisins. Le moindre geste arbitraire contre un corps, et c'était l'innervation de tous les corps, tant ils se sentaient et se voulaient solidaires. La monarchie le savait ou le devinait.

Au total, ces corps étaient véritablement « intermédiaires ». Ils encadraient l'individu, protégeaient la personne isolée. Ils n'avaient pas besoin de résister au pouvoir royal, tant ce dernier les ménageait. Ils étaient, par leur existence même, le volant régulateur de la monarchie absolue.

16. Le Roi en son Conseil

Le Roi ne décidait jamais seul – même lorsqu'il utilisait la formule trop célèbre *Car tel est notre plaisir* –, mais après concertation ; en cela fidèle à la prescription de Claude de Seyssel, pour lequel le bon monarque doit gouverner « par grand conseil », c'est-à-dire en consultant des conseillers dignes de ce nom.

Dans les anciens régimes, un tel gouvernement pouvait prendre une forme presque entièrement collégiale. La France en fit l'expérience caricaturale sous la Régence, avec ce qui fut nommé « polysynodie »*. Sinon, le gouvernement pouvait être l'association du souverain et des ministres ; à l'occasion, l'étroite collaboration du Roi et d'un premier* ministre, comme ce fut le cas avec Louis XIII et Richelieu.

L'ancien régime français trouva, de 1661 à la Révolution, une heureuse formule interdisant tout despotisme : le partage des rôles entre le conseil du Roi (cent trente personnes environ) et le petit groupe des ministres* et secrétaires* d'État. D'ailleurs le souverain, au cours de ce qu'on appelait *liasse* ou « travail du Roi », participait à la préparation du Conseil. Il le faisait en collaboration avec la personne ministérielle concernée, qui se retrouvait ensuite au Conseil avec lui. D'où une certaine logique et une réelle harmonie entre la partie personnelle et la partie collégiale du pouvoir.

Le Conseil était inséparable de la personne du prince. Ce dernier présidait personnellement les sections dites « de gouvernement », celles qui pouvaient rendre des arrêts « en commandement », les plus importants. Ils débutaient par la formule : « Le Roi *étant* en son Conseil. » Contrairement à la légende, le monarque écoutait beaucoup, demandait à chacun d'opiner, et se rangeait à peu près toujours à l'avis de la majorité. Saint-Simon, qui pourtant détestait Louis XIV, assura que le Roi, en cinquante-quatre années de règne personnel, n'avait outrepassé que six fois les souhaits de cette majorité.

Au Grand Siècle, il y avait quatre conseils de gouvernement.

Le conseil d'en haut, composé du Roi, du Dauphin, et des « ministres d'État » (en 1661, Fouquet, Lionne, Le Tellier ; en 1715, Torcy, le contrôleur Desmarets, le chancelier Voysin, le maréchal de Villeroy), avait une compétence gouvernementale quasi universelle. Au XVIIIe siècle il s'occupa surtout et presque uniquement de la politique extérieure.

Le conseil des dépêches, second dans le protocole, troisième par l'importance, avait pour spécialité les questions d'administration intérieure communes aux divers secrétaires d'État. Ce conseil se tenait debout. On y lisait les dépêches – correspondance passive et active du gouvernement avec les autorités provinciales : gouverneurs et intendants. On y examinait aussi certaines affaires contentieuses, concernant les états provinciaux, le droit de chasse, les duels, et, après 1685*, les affaires protestantes. Mais c'est surtout au XVIIIe siècle que cette section des dépêches vit grandir son rôle. Le conseil des dépêches réunissait le Roi, le Chancelier*, les secrétaires d'État, le contrôleur* général des finances ; et aussi plusieurs conseillers d'État convoqués, d'après leur compétence, en fonction de l'ordre du jour.

Le conseil royal des finances, troisième section du Conseil, avait été créé en septembre 1661, après l'arrestation de Fouquet, pour marquer que désormais le Roi lui-même serait son propre surintendant des finances. Il réunissait : le Roi, le « chef du conseil des finances » (un grand seigneur décoratif), le Chancelier (*de facto*), le contrôleur général et deux conseillers ordinaires au conseil des finances, et, à la fin du règne de Louis XIV, les intendants* des finances. Ses délibérations étaient techniques. Le contrôleur général était le seul capable de tout dominer, d'ailleurs presque rapporteur unique en ces lieux. La compétence du conseil royal (ainsi le nommait-on par abréviation) était immense : budget, recettes et dépenses, fiscalité directe et indirecte, politique économique, industrie, commerce, monnaies, sans compter nombre d'affaires contentieuses (baux des Fermes*, privilèges fiscaux, etc.)

Le conseil royal de commerce, créé seulement en 1664, à peu près disparu vers 1676, ressuscité en 1730, fut un dédoublement partiel du précédent.

Avec le *conseil privé* (ou conseil d'État, ou conseil des parties), nous quittons le domaine gouvernemental, pour rejoindre la haute administration, la « justice* retenue » du Roi et le contentieux. Ici le fauteuil de Sa Majesté restait vide. Le président de fait était M. le Chancelier. Le conseil privé n'accompagnait le Roi que lors des longs déplacements (Versailles, Fontainebleau). Il réunissait le Chancelier, les ducs* et pairs* (sur le papier), les ministres d'État, les secrétaires d'État, le contrôleur général des finances, les trente conseillers d'État, les intendants des finances, les quatre-vingts maîtres des requêtes ; un personnel beaucoup plus nombreux que celui des conseils de gouvernement.

Ce conseil privé exerçait la justice retenue du monarque. Il était complété par d'importants organes annexes du Conseil, qu'animaient les conseillers d'État. Les uns étaient dits « bureaux » (exemple : le bureau des affaires ecclésiastiques). Les autres étaient des « commissions ordinaires » (grande et petite direction des finances, etc.) ou des « commissions extraordinaires » (comme le conseil des prises, actif quand fleurissait la guerre de course, ou le bureau du commerce qui dura de 1700 à 1722).

Sous Louis XVI, le Consei[illegible], hélas, moins important. Les ministres étaient devenus trop puissants.

17. Le Roi et ses ministres

En d'autres pays d'ancien régime, le favoritisme régnant à la Cour déteignit sur la pratique gouvernementale. En Espagne, la place de favori (*privado* ou *valido*) était officielle, presque institutionnelle. En Grande-Bretagne, Buckingham sous Charles Ier et Marlborough sous Anne Stuart furent également des favoris abusifs. Telle n'était pas la tradition de la France. Chacun connaît le mot spontané du jeune Louis XIII, après l'élimination de Concini sur son ordre (1617) : « A cette heure je suis Roi ! »

La vraie tradition, sous l'ancien régime français, était l'amitié du Roi pour ses ministres. L'exemple le plus connu fut l'entente, si positive, si efficace, entre Henri IV et Sully, une amitié sans faille, d'ailleurs bien antérieure (1572) à l'avènement du Béarnais (1589). La complicité étonnante qui ensuite unit Louis XIII au cardinal de Richelieu (1624-1642), à peine écornée lors de la « journée des dupes » (1630) et seulement interrompue par la mort du premier ministre, fut peut-être unique en son temps. On oublie trop, en effet, que le Roi était de nature autoritaire – plus que ne le sera Louis XIV –, et que sa patience à l'égard du cardinal n'est explicable que sur le plan de l'amitié. L'utilité et la raison d'État n'y suffiraient pas.

Louis XIV, en dépit de ses airs royaux et flegmatiques, n'était heureux, dans l'exercice de son « métier de Roi », que lorsqu'il traitait un ministre en ami et sentait que, malgré la différence des conditions, ce dernier répondait à son attachement. Ces cordiales complicités avaient débuté de bonne heure. Quand mourut le cardinal de Mazarin (1661), son principal ministre, Louis XIV dit au maréchal de Gramont : « Ah ! monsieur le maréchal, nous venons de perdre un bon ami. » Colbert, de 1661 à sa mort (1683), le marquis de Louvois, de 1674 à sa mort (1691), furent aussi, malgré la rudesse de leur caractère, traités chaleureusement par le Roi. L'efficacité de leurs ministères respectifs dut beaucoup à ce climat de confiance extrême.

Mais c'est Chamillart qui éprouva le plus fort l'amitié du monarque, au point d'être maintenu trop longtemps au pouvoir malgré une compétence incertaine. Le Roi ne pouvait s'empêcher de s'attendrir sur l'honnête courtisan qui, avant de devenir ministre, avait été son partenaire au billard.

Le personnel ministériel au sens moderne du mot ne réunissait que six grands décideurs : le *Chancelier* – chef-né des conseils du Roi, officier inamovible, ministre de la justice, maître des offices de France et garde des

Sceaux –, le *contrôleur général des finances* (charge transformée en 1665 pour remplacer celle de surintendant), et les quatre *secrétaires d'État*. Si le Roi était mécontent du Chancelier, il n'avait pour ressource que lui retirer les Sceaux et les confier à un commissaire de son choix, le garde des Sceaux.

Les secrétaires d'État avaient été créés par Henri II en 1547 et étaient devenus importants depuis 1588. Sous Louis XIV l'un avait le département de la guerre, un autre les affaires étrangères, un troisième « les affaires de la religion prétendue réformée », le quatrième (Colbert) réunissant en son portefeuille la marine, Paris, le Clergé et la maison du Roi. Au XVIIIe siècle, la distribution la plus courante des quatre « départements » fut celle-ci : guerre, affaires étrangères, marine, maison du Roi. Mais, entre 1763 et 1780, Bertin eut une cinquième charge de secrétaire d'État, un portefeuille en quelque sorte « physiocrate »* dont l'agriculture était la principale spécialité.

Les secrétaires d'État n'étaient pas, il s'en faut, toujours ministres, c'est-à-dire membres du conseil d'en haut. Seul le secrétaire d'État aux étrangers devint ministre de droit, comme rapporteur des faits diplomatiques. La place de ministre était donc leur ambition, et stimulait leur zèle.

Le contrôleur général des finances, dès le temps de Colbert (1665-1683), éclipsa vite le Chancelier et domina aisément les secrétaires d'État. En effet, si chacun des secrétaires d'État avait plusieurs provinces dans son département, le contrôleur général correspondait, lui, avec l'ensemble des intendants. Il le faisait surtout pour les affaires économiques (dénombrements, manufactures, commerce) et fiscales, mais n'en devint pas moins, par cumul, une sorte de ministre de l'Intérieur.

Cependant, si, au lieu de nous restreindre à la théorie et au protocole de jadis, nous étudions la sociologie des pouvoirs dans l'ancienne France, ce n'est plus six chefs de département que nous rencontrerons, mais bien davantage. Il y avait ces hommes irremplaçables que Saint-Simon nommait, non sans quelque mépris, des « tiercelets* de ministres » : le surintendant des postes, le directeur général des Bâtiments (véritable ministre de la culture), le directeur général des fortifications (admis au « travail* du Roi »), le lieutenant* général de police (*idem*), les intendants des finances (collaborateurs indépendants et compétents du contrôleur général), les intendants du commerce, les principaux grands officiers comptables (tels les trésoriers généraux de l'extraordinaire des guerres ou les trésoriers de la marine), sans oublier les quarante fermiers* généraux (gérant une sorte de ministère collectif de l'impôt indirect). Ce qui nous mènerait à soixante et onze personnes, alors que nous n'avons pas encore cité l'archevêque de Paris et le confesseur du Roi (dont l'addition constituait le « conseil de conscience », nommant aux bénéfices*).

Or, plus la liste s'allonge, plus nous comprenons à quel point le Roi était, non pas cerné ou contrôlé, mais entouré et conseillé ; sans cesse éloigné de la tentation du pouvoir personnel.

18. La Cour

Sous Louis XIV, la cour de France est la plus brillante du monde, observée, imitée, adaptée dans l'Europe entière. Elle sera, au XVIIIe siècle, le modèle, la norme, l'étalon de toute cour : tandis que se bâtiront – du Rhin jusqu'à la Néva – nombre de petits Versailles, des cours presque lilliputiennes tenteront, avec plus ou moins de bonheur, de se calquer sur celle de Louis XIV.

Pourtant ce type de cour à double fonction – instrument de règne et foyer de civilisation – n'a pas été inventé par les Bourbons ; il l'a été par les Valois. Il fait partie des institutions notables et originales de l'ancien régime.

Jusqu'à 1682, date de l'installation définitive à Versailles, la Cour est nomade. Cela permet au Roi de voir et d'être vu. Au XVIe siècle, les déplacements de Sa Majesté contribuent à cimenter l'union nationale. Chaque nouveau souverain choisit de visiter un groupe de provinces, et chacun de ces grands voyages est occasion d'entrées solennelles dans les villes : « Charles IX a émaillé son tour de France de cent huit entrées dans une centaine de villes » (J.-F. Solnon). Rien ne peut mieux entretenir ou développer le loyalisme. Cependant les rois de France sèment derrière eux les châteaux, surtout sur les bords de la Loire : Amboise, Blois, Chambord passionnent tour à tour les princes ; tandis que François Ier privilégie Fontainebleau que l'on fait admirer à Charles Quint. Il convient que les courtisans veuillent bien s'accommoder de déplacements fréquents et inconfortables. Le Roi peut ainsi les surveiller, vérifier leur fidélité, les inciter à servir. Le gouvernement est, bien sûr, aussi voyageur que le prince ; et de même le conseil du Roi. Il en résulte une réunion, au sommet, des grands et des robins, cependant que l'anarchie résultant des guerres de religion favorise les usurpations de noblesse et les ascensions sociales.

La cour des Valois est aussi « îlot mondain et brillant foyer de culture..., le couronnement de la société » (J.-F. Solnon). On en retrouve la mémoire et le regret admiratif dans le roman de Mme de la Fayette, *La Princesse de Clèves* (1678). Il est vrai que, à la cour si raffinée de Henri III, avait succédé la cour simple et parfois grossière des deux premiers Bourbons : une tradition s'était presque perdue. L'ancienne Cour avec son brillant, son étiquette, ses divertissements et spectacles, sa musique, son mécénat, ressuscita grâce à la reine Anne d'Autriche et à Mazarin, mais la Fronde vint la disperser. Et c'est pourquoi la société aulique de 1661 avait paru si nouvelle, tandis qu'elle retrouvait seulement, à beaucoup d'égards, le style, la finalité et la vie qui avaient marqué celle de Henri III.

La Cour fut surtout aux Tuileries en 1663, 1664 et 1665 ; surtout à Saint-Germain-en-Laye depuis 1666 (après la mort de la Reine mère), et presque toujours à Versailles depuis 1682. Le Grand Roi avait pris Paris en dégoût, non à cause de la Fronde, achevée depuis 1653, mais parce que sa mère bien-aimée était morte au Louvre, et parce que lui-même n'aimait que le grand air, les vastes espaces, les fleurs ; cependant qu'il souhaitait avoir une résidence à lui, au lieu d'un vieux palais mainte fois aménagé. Et de transformer le petit château de chasse aimé de Louis XIII en une demeure immense et majestueuse.

Ce nouveau siège de la Cour montrait de façon permanente les réussites des arts et techniques, depuis la fameuse galerie des glaces et son non moins fameux mobilier d'argent, jusqu'à la flotte miniature qui voguait sur le grand canal, au fond du parc. Le doge de Gênes, les envoyés de Russie, l'électeur de Bavière et d'autres vinrent y mesurer la puissance et le rayonnement de la monarchie française, l'opulence du royaume et sa force.

Cependant le Roi, et c'est pour cela qu'il a abandonné Louvre, Tuileries et même son Saint-Germain natal, a voulu réglementer la Cour afin de discipliner les grands. Si Louis XIV a, mieux que ses devanciers, privilégié le mérite, plaçant ses ministres bien au-dessus des ducs d'illustre maison, il n'ignorait pas pour autant le prix de la naissance. Aux anciens frondeurs il a enseigné la fidélité et l'honneur de servir loyalement leur maître. Le temps des « colonels à bavette » (les chefs de corps de seize ans) fut aussi celui des rabats rouges de sang.

Entre deux guerres ou durant les quartiers d'hiver, Louis XIV a tout fait pour garder la haute noblesse auprès de lui. Il l'a séduite, lui a offert mainte distraction (carrousels, courses de bague, mail, jeu, chasses). Il a créé à son intention une forme inédite et séduisante de sociabilité, les *appartements*. Trois fois par semaine, Louis offrait à ses courtisans de libres divertissements : danse, jeu, spectacles.

Le quartier d'hiver ne devait point empêcher les gentilshommes de servir. Seulement, au service militaire s'ajoutaient souvent un service commensal*. Tel lieutenant général des armées pouvait être parallèlement grand* officier de la Couronne ; tel autre pouvait être chef d'office (gentilhomme de la chambre ou maître de la garde-robe du Roi, etc.). En 1690, le chargé d'affaires de l'électeur de Brandebourg, Ézéchiel Spanheim, écrivait : « La cour de France, sur le pied où elle est sous ce règne, est dans une grande soumission pour son Roi, en sorte qu'on ne saurait voir ni plus d'empressement à lui marquer son zèle et à lui faire sa cour, ni plus d'attachement à s'y acquitter, avec une régularité entière et exacte, des fonctions où chacun est appelé. » A l'opposé, le Roi détestait les courtisans purement décoratifs, les courtisans oisifs et inutiles dont le duc de Saint-Simon était le type accompli.

La monarchie absolue était ainsi faite, sous Louis XIV et pour obéir à sa volonté, que le service public, la fidélité au prince et le patriotisme se confondaient souvent. Au reste, si Versailles était trop coupé de Paris, Versailles l'était relativement peu du reste de la France. Dans le palais et ses dépendances habitaient des gens simples : gardes suisses, valets de garde-robe, blanchisseuses (que saluait Louis XIV), écuyers, marmitons. Le Roi parlait davantage à ses valets ou à ses huissiers qu'à certains ducs ; il signait les contrats de mariage de ses commensaux. Versailles était un microcosme, avec ses grands officiers et ses ducs, ses nobles logés par le Roi, ses visiteurs de choix, ses officiers domestiques, ses serviteurs, sans compter les curieux qui envahissaient le parc sans souci de déranger le Roi.

Au XVIIIe siècle la Cour vécut à l'économie, sur l'élan du règne de Louis XIV. Mais, les guerres étant moins nombreuses, la société de cour se mua en société oisive et parasitaire, d'ailleurs toujours tournée vers ce Paris où les Bourbons auraient dû avoir la sagesse de revenir loger. Il s'ensuivit un dangereux divorce entre la royauté et la capitale, entre une haute noblesse, pensionnée et volontiers ingrate, et l'élite parisienne. Entre le Roi et ses sujets.

DEUXIÈME PARTIE

LE ROYAUME

Le grand juriste Grotius assurait que la France de Louis XIII était le plus beau royaume après celui du Ciel. C'était, en tout cas, l'un des plus grands et surtout le plus peuplé des pays d'Europe. Double réalité, oubliée par les auteurs qui reprochent aux rois de France d'avoir osé affronter ou provoquer mainte coalition. D'ailleurs le royaume était prolongé par un empire colonial, constitué au XVIIe siècle. A la veille de la Révolution, il demeurait plus riche que celui d'Angleterre.

19. La France et ses agrandissements

Dès la fin du règne de Louis XI, lorsque débute « l'ancien » régime, la France ne ressemble déjà plus au domaine du « roi de Bourges » Charles VII. Ce dernier a vaincu les Anglais, expulsés de Guyenne, chassés de Normandie. Puis Louis XI a gagné par conquête la Picardie et le duché de Bourgogne ; par héritage, l'Anjou, le Maine et la Provence.

Les mariages successifs d'Anne de Bretagne avec Charles VIII et Louis XII font de la Bretagne un fief de la Couronne et préparent le rattachement de cette importante province au royaume par François Ier en 1532. Vingt ans plus tard, les armées de Henri II occupent Metz, Toul et Verdun (les Trois-Évêchés), disloquant les possessions du duc de Lorraine. En 1598 le traité de Vervins permet à la France de récupérer Calais, perdu en 1347.

Quatre petites provinces – la Bresse, le Bugey, le pays de Gex et le Valromey –, de langue française, sont cédées à Henri IV par le duc de Savoie en 1601* : elles vont assurer la protection de Lyon. Cet agrandissement opportun annonce les nombreux progrès du royaume au long du Grand Siècle. En 1620, c'est la réunion de la Navarre à la France. En 1648, les traités de Westphalie, inaugurant l'abaissement de l'Empire, confirment l'annexion par la France des Trois-Évêchés. Le royaume gagne aussi l'Alsace méridionale (ou haute Alsace), ainsi que la « préfecture » de la Décapole*.

La paix des Pyrénées (1659) marque la fin de la prépondérance espagnole en Europe et couronne, grâce à Mazarin, les constants efforts de Louis XIII et de Richelieu pour desserrer l'étau des Habsbourg. La France y gagne l'Artois « cédé » [cédé par l'Espagne] (Arras), une partie du Luxembourg (Montmédy, Thionville), le Roussillon, la Cerdagne. En 1662, Louis XIV achète Dunkerque à son cousin Charles II d'Angleterre. C'est ensuite le traité d'Aix-la-Chapelle (1668), terminant la guerre de dévolution, qui donne au royaume Lille et la Flandre méridionale.

La frontière nord de la France reste cependant incertaine et vulnérable. Depuis 1675, Vauban ne cesse de réclamer au Roi l'édification d'une « ceinture de fer » ; entendez, un réseau cohérent de places fortes capable d'interdire les invasions. Après la guerre de Hollande (1672-1679), un tel programme se réalise, et cette frontière restera inviolée de 1712 à 1792.

Les traités de Nimègue (1678-1679), qui donnent à la France la Franche-Comté, ont, il est vrai, dans l'intervalle, renforcé la frontière septentrionale du royaume. Louis XIV y a gagné l'Artois « réservé » (Aire, Saint-Omer), le Cambrésis, le Hainaut méridional (Maubeuge, Valenciennes).

C'est alors que, grisé par ses succès, poussé par Louvois et Vauban, Louis XIV entreprend de faire son « pré carré ». Profitant de l'ambiguïté des traités et du droit féodal, les parlements de Metz et de Besançon, ainsi que le conseil supérieur d'Alsace, rendent des arrêts de « réunions » déclarant français nombre de comtés, fiefs et seigneuries. De ces « réunions », que suivait aussitôt une occupation militaire, la seule durable fut celle de Strasbourg et de la basse Alsace en 1681, confirmée par les traités de 1697 et de 1714. A la fin de son règne Louis XIV put encore augmenter le royaume de Barcelonnette et de la principauté d'Orange.

Le pré carré bourbonien – que nous appelons aujourd'hui l'Hexagone – fut ensuite presque achevé par Louis XV. En 1762, ce monarque réunit à la Couronne la principauté de Dombes (capitale Trévoux) ; en 1766, il prit possession de la Lorraine, dont son beau-père le roi Stanislas Leczinski lui avait en 1736 assuré l'héritage ; en 1768, il achetait l'île de Corse à la république de Gênes. A la veille de la Révolution, non seulement la France, avec ses 533 000 km^2, n'était pas éloignée de ses limites définitives, mais elle formait un territoire presque continu. Dans l'Est ne subsistaient que de petites enclaves étrangères (Senones, Mulhouse, Montbéliard) ; dans le Midi, les possessions du pape (Avignon et le Comtat Venaissin).

L'ancien régime n'avait nullement été obsédé par une recherche de « frontières naturelles » – c'est la Révolution qui y pensa –, mais par celle de frontières défendables, ce qui n'était ni semblable ni contradictoire.

Outre-mer, la France avait un empire, voulu et largement réalisé par Richelieu et par Colbert. Si les traités d'Utrecht (1713) l'avaient amputé de Saint-Christophe (aux Antilles), de l'Acadie (Nouveau-Brunswick et Nouvelle-Écosse), de Terre-Neuve et des établissements de la baie d'Hudson ; s'il avait perdu en 1763 le Canada et la Louisiane (vingt ans avant l'indépendance des colonies anglaises d'Amérique), il lui restait de riches territoires à plantations et nombre de comptoirs.

La France contrôlait une partie du Sénégal (depuis 1638), Pondichéry (1674) et autres places des Indes orientales ; l'île Bourbon (la Réunion) depuis 1649 et l'île de France (île Maurice) depuis 1715 ; la Guyane avec Cayenne ; enfin trois florissantes Antilles : la Martinique, la Guadeloupe et surtout la portion occidentale de Saint-Domingue (aujourd'hui Haïti). Si les efforts pour créer des colonies de peuplement s'étaient révélés décevants, les possessions lointaines contribuaient fort à la prospérité du royaume.

20. La population du royaume

Avec vingt millions de sujets, la France de Louis XIV était le pays le plus peuplé d'Europe. Il venait avant les possessions (Autriche, Bohême, Hongrie, etc.) des Habsbourg de Vienne. Il venait aussi avant la Russie. La France écrasait de son poids démographique les puissances de second rang, comme étaient la Suède (qui possédait pourtant la Finlande), le Danemark (qui comprenait la Norvège), le Portugal ou la Bavière. En additionnant les populations des deux puissances maritimes – Grande-Bretagne et Hollande –, on n'atteignait pas la moitié du nombre des Français ; et il en allait de même de l'Espagne continentale.

Le royaume de Louis XIV avait une telle vitalité que les grandes saignées de 1693-1694 et de 1709-1710 dues aux épidémies, elles-mêmes résultant des famines en ce temps si rude auquel M. Le Roy Ladurie a donné le nom de « petit âge glaciaire », ne laissèrent point de traces durables. Au XVIIIe siècle, même si la France a progressé moins vite que les autres pays d'Europe, elle a tout de même accru le chiffre de sa population, passée de vingt-trois millions de sujets vers 1740 à vingt-sept millions ou environ au début de la Révolution. La croissance démographique avait devancé la croissance économique.

Depuis les « dénombrements » de Colbert, nos pères avaient d'ailleurs pris goût à la statistique. Le maréchal de Vauban en fut le pionnier, bien que sa célèbre *Dîme royale* de 1707 ait souvent cumulé erreurs et invraisemblances : n'attribuait-il pas à Paris 720 000 habitants ? Les dénombrements entrepris sous l'ancien régime, à la demande du contrôleur général des finances, se faisaient par « feux » (foyers) et ils excluaient les privilégiés exemptés de la taille. Un feu représentait-il quatre personnes ? Ce ne pouvait être qu'une approximation. En fait, avec les moyens limités et incertains de l'époque, estimer avec précision le chiffre de la population du royaume était une gageure. C'était « calculer le nombre des animaux enfermés dans l'arche de Noé » (Jacques Dupâquier).

Combien y avait-il de protestants ? Peut-être deux millions au début des guerres de religion (1562), environ

800 000 au milieu du XVIIe siècle (indépendamment des quelque 200 000 luthériens de l'Alsace, que ne concernèrent ni l'édit de Nantes – et pour cause –, ni sa révocation en 1685). Là-dessus, l'émigration vers l'étranger n'ayant sans doute pas dépassé 200 000 individus, restèrent dans le royaume près de 600 000 « nouveaux catholiques » ou « nouveaux convertis », assurément mal convertis. Pendant cent deux ans, les églises « du Désert » vécurent dans la clandestinité. L'édit de tolérance de Louis XVI, d'ailleurs impopulaire chez les catholiques, ne reconnut les calvinistes, ou « prétendus réformés », qu'en 1787.

Nombre de raisons expliquent la diminution du nombre des réformés français entre 1562 et 1685. Le ralliement des nobles à la religion romaine, les excès des « républiques » calvinistes du Midi entre 1572 et 1598, le soulèvement protestant en ce même Midi entre 1621 et 1629, sont parmi les principales causes. La persécution, ouverte ou larvée, en est une autre. Mais il ne faut pas oublier la richesse des notables protestants, nobles ou bourgeois, susceptible d'irriter le menu peuple ; le caractère d'État dans l'État du protestantisme, appuyé de 1598 à 1629 sur ses « places de sûreté » ; le dédain visible des réformés à l'égard des « papistes » ; enfin, l'inquiétante image d'un calvinisme non orthodoxe.

Alors que la théologie luthérienne demeure proche du catholicisme et que le véritable calvinisme modifie sans l'écarter la thèse de la « présence réelle » du Christ dans le sacrement de l'autel, les fameux « placards » de 1534, affiches provocantes apparues à Paris et à Amboise jusque sur la porte du Roi, contenaient, entre deux injures et trois provocations, une méchante diatribe contre « la messe papale » et la présence réelle. Cette thèse, violemment « sacramentaire », s'introduisit dans le calvinisme français, et le rendit longtemps haïssable.

Mais le face à face catholiques-réformés n'était pas le seul partage visible en la population du royaume. La France n'avait nullement imposé sa langue aux provinces conquises. Michelet attache grand prix à cette pluralité linguistique. Les Alsaciens ne cessaient d'utiliser leur dialecte ; les habitants du Roussillon continuèrent de parler le catalan.

Cependant, on ne vit pas d'opposition entre les provinces nouvelles et la France de l'intérieur. En Alsace, les catholiques étaient favorables à la révocation de l'édit de Nantes, et les luthériens, non concernés, acceptèrent une gêne quotidienne qui n'était pas vraiment persécution. Les provinces anciennement espagnoles (Flandre, Hainaut, Roussillon, Franche-Comté), ultra-catholiques, virent dans la Révocation un motif de ralliement sincère.

La principale division du pays n'était ni linguistique ni religieuse ; elle était Nord-Sud, selon une ligne reliant Saint-Malo à Genève. La partie septentrionale était plus riche, plus instruite, volontiers éclairée. Au XVIIIe siècle, la proximité de Paris, l'amendement des terres riches en plaine, les expériences agronomiques, le nombre des artisans de village y avaient favorisé une grande agriculture. Le blé donnait bien ; les routes étaient suffisantes. Les habitants, assez bien nourris, connaissant l'usage de la viande, comptaient moins de criminels et payaient plus d'impôts. Au contraire, on trouvait une culture plus pauvre en Bretagne, dans le Sud-Ouest (sauf l'exception du maïs), dans le Centre et le Midi, zones plus archaïques, pays de l'araire, du métayage, des attelages à bœufs, pays à l'instruction plus rare.

La France était faite de ces deux Frances complémentaires.

21. Les grandes institutions

« L'*État*, du moins le terme que nous écrivons avec une majuscule, coexiste encore au XVIe siècle avec le terme de *République*. Au XVIIe siècle, le mot république, dans ce sens, s'efface devant le mot État » (A. Corvisier). Sur son lit de mort, en 1715, Louis XIV déclare : « Je m'en vais, mais l'État demeurera toujours. » A cette date, au terme d'un règne glorieux mais éprouvant, le mot État n'a plus le sens abstrait qu'il gardait au temps de Richelieu. L'État est devenu synonyme de patrie et de France.

Mais la France est alors une monarchie administrative, et l'État n'existerait pas sans ses agents : 44 000 titulaires d'offices civils (ce chiffre nous vient de Colbert), quelques dizaines de « commissaires »*, plusieurs dizaines de milliers de soldats ou marins (en 1702, dans les armées terrestres, on ne compte pas moins de 200 000 hommes), sans parler des évêques et des curés, à bien des égards auxiliaires du Roi.

Au moyen âge l'administration civile se confondait avec la fonction judiciaire, et ce n'est point un hasard si, au XVIe siècle, les Valois ont augmenté le nombre des parlements, développé les bailliages royaux au détriment des juridictions seigneuriales, inventé les présidiaux*. Jusqu'à la fin du XVIIIe siècle la plupart des « fonctionnaires » sont des magistrats. Leur activité ne se limitait pas à celle du juge. Chaque institution a une double compétence : en « juridiction », et en « direction ». Ainsi passe-t-on lentement du rôle surtout judiciaire à l'autorité administrative. L'organisation judiciaire d'ancien régime dirigée par le Chancelier* est d'autant plus complexe que le Roi répugne à supprimer les instances peu à peu vidées de leur utilité (le tribunal de la Connétablie, par exemple, ne sert plus à rien au XVIIIe siècle). Au sommet elle est représentée par le conseil privé, dont nous avons parlé, qui coiffe tout le système et fixe la jurisprudence. A travers le royaume se ramifient les sièges de la justice ordinaire (prévôtés*, bailliages, présidiaux, parlements) et les juridictions spécialisées : chambres des comptes, sièges des eaux et forêts, amirautés, etc. En matière d'impôts, vous êtes jugé par l'élection* (contentieux de l'imposition directe), ou par le grenier à sel (affaires de gabelle*), ou par le juge des traites* foraines ; l'appel de leurs jugements ou sentences étant porté devant les cours des aides.

On imagine la complexité de cette structure. Incessants apparaissent les conflits de compétence, qui parfois protègent le coupable, mais enrichissent les auxiliaires de justice et ruinent volontiers le plaideur.

En outre, comme les institutions ont alors toutes une origine coutumière, les cartes judiciaires du royaume ont chacune leurs contours. Le ressort du parlement, celui de la chambre des comptes et enfin celui de la cour des aides de Paris ne coïncident pas. Les Français s'en accommodent tant bien que mal. Plutôt mal à la fin du XVIIIe siècle, comme en témoignent les cahiers de doléances. Au reste, la vénalité des offices n'avait pas que des défauts. Non seulement elle assurait l'indépendance de la justice, mais elle contribuait à la formation de dynasties de magistrats compétents et appuyés sur une tradition familiale.

Les futurs grands administrateurs, avant d'acheter un office de maître des requêtes, sont tenus d'exercer d'abord quelque temps dans une cour souveraine, généralement le parlement de Paris. Ainsi se trouve assurée une liaison constante entre l'État traditionnel, d'esprit officier et robin, et l'État moderne, celui des commissaires et des agents actifs du Roi.

Au XVIIe et au XVIIIe siècle, la grande magistrature des parlements et les gens de plume* (maîtres des requêtes et intendants) représentent un milieu homogène, noble (les anoblis sont nobles), riche, instruit, indispensable à l'État. Mais les parlementaires – imités souvent par les magistrats des tribunaux inférieurs – sont volontiers disposés à fronder, alors que leurs frères ou cousins, membres du conseil privé de Sa Majesté ou intendants en province, s'efforcent de servir avec loyalisme et avec zèle.

Ce même loyalisme est attendu de la part des gens de finance, qu'ils soient officiers – comme les receveurs* généraux en chaque généralité* ou les receveurs des tailles en chaque élection* – ou qu'ils appartiennent à la ferme* générale. Il est surtout exigé dans les armées du Roi, terrestres ou navales.

Depuis Le Tellier (1643) et son fils Louvois, l'armée de terre est devenue infiniment plus royale en même temps qu'administrative (grâce aux commissaires et aux contrôleurs des guerres). L'ancien régime – qui dut affronter beaucoup de guerres – ignore la conscription et la levée en masse : tout au plus existe-t-il en temps de guerre, depuis 1689, une « milice » de supplétifs tirés au sort. Les soldats sont des mercenaires ou des volontaires, même si les sergents recruteurs ont des recettes pour transformer des hésitants en « volontaires ».

La vénalité des offices, beaucoup moins tolérable dans les armées que dans les tribunaux, est progressivement réduite. Depuis Louvois, elle se limite aux commandants de compagnie (les capitaines) et aux chefs de corps (les colonels). Au milieu du XVIIIe siècle, Choiseul la réduit aux seuls colonels. Sous Louis XVI, le comte de Saint-Germain lui porte le coup de grâce.

Depuis Louis XIV, l'armée a perdu ses habitudes quelque peu féodales. Les grades* sont désormais bien précisés (le Roi a créé le grade de brigadier, introduit entre celui de colonel et celui de maréchal de camp). Les généraux, même issus de grande maison – comme M. de Turenne –, doivent obéissance non seulement au secrétaire d'État de la guerre, mais à ses commis*. Depuis 1674 la stratégie dépend du Roi et du ministre, et ne se décide plus au gré des généraux. Depuis 1675, l'ordre* du tableau régit l'avancement, privilégiant l'ancienneté au détriment de la naissance. Tout n'est pas parfait dans l'armée (au XVIIIe siècle elle souffre de la multiplication excessive des hauts grades et de la difficulté pour les roturiers d'avancer), mais jusqu'à Frédéric II, aucun pays n'en a de meilleure.

La marine, structurée par Colbert, a une organisation plus moderne. On n'y connaît plus la vénalité. Les petits nobles, les faux nobles et les roturiers peuvent s'y faire une place. Si l'armée de terre attend 1751 pour voir créer une école militaire et 1776 pour l'implantation de collèges militaires, la marine forme ses futurs officiers, depuis 1682, dans les compagnies de gardes-marine. Ports et arsenaux sont administrés par un corps spécialisé (intendants, commissaires, etc.). La France construit de meilleurs navires que l'Angleterre. Ses escadres surclassent la flotte britannique de 1680 à 1704, et plus tard de 1778 à 1789.

La diplomatie ne constitue pas un corps structuré. Le marquis de Torcy n'a créé qu'une école éphémère des affaires étrangères. Mais les ambassadeurs, nobles de robe ou militaires, conseillers d'État ou lieutenants généraux, symbolisent ce que l'ancien régime a fait de mieux en matière de formation empirique de ses cadres.

22. *La France administrative*

De Louis XIII à la fin du XVIIIe siècle, la France d'ancien régime passa pour un modèle en matière d'administration. Dans la Prusse du Roi-Sergent (1713-1740), les chefs de district ou *landräte* étaient comme des reproductions miniaturisées des intendants français. En 1765, Frédéric II, fils du précédent, fit venir à Berlin le fameux Helvétius, fermier* général, pour obtenir de lui un plan de ferme* générale ou de régie des impôts. En 1718, on vit installer en Espagne des intendants de justice, police et finances, directement calqués sur ceux d'outre-Pyrénées.

Dès 1680, la France paraissait à l'Europe être le pays le plus unifié (ou le moins hétéroclite), le plus centralisé (ou le moins disparate), à l'ombre du monarque le mieux obéi du continent (ou le moins impuissant). Le despotisme éclairé du XVIIIe siècle vécut sur ce thème, qui prétendit imiter le gouvernement de Louis XIV et lui emprunter des recettes de police et finances.

Le XVIIe siècle n'était pas achevé que déjà les hommes de plume s'étaient imposés politiquement et socialement. Les premiers commis* des secrétaires d'État et du contrôleur général étaient sur le même rang que les maréchaux de camp et les chefs d'escadre. Au XVIIIe, leur ascension se poursuivit. Un homme comme M. de Rayneval, premier commis des affaires étrangères, véritable « tiercelet* de ministre », négocia le traité de commerce franco-anglais de 1786 auquel on donna son nom. A cette date, il est vrai, tous les bureaux se sont étoffés. Le mot « bureaucratie » a déjà trente ans. Son inventeur est l'économiste Vincent de Gournay (1712-1759), orfèvre en la matière puisque grand fonctionnaire, intendant du commerce. « Nous avons en France, disait-il, une maladie qui fait bien du ravage ; cette maladie s'appelle la *bureaumanie* ». Parfois « il en faisait une quatrième [par rapport aux schémas d'Aristote] ou cinquième forme de gouvernement sous le titre de *bureaucratie* » (Grimm).

Tout est relatif, car enfin, si une institution réputée, comme celle des intendants de province, pouvait être efficace et parfois admirable, il s'agissait pourtant aussi d'une « administration mal outillée en personnels et en moyens financiers » (F. Emmanuelli). En 1690 le premier intendant de Bretagne, M. de Pomereu, écrit de sa main la plupart des dépêches adressées au pouvoir central ; en

1710, l'intendance d'Alsace ne compte que cinq commis et quelques copistes.

Les premiers intendants, créés au milieu du XVIe siècle par Henri II, n'avaient été que les adjoints des gouverneurs, et ces derniers – surtout du milieu du XVIe siècle jusqu'en 1661 – incarnaient véritablement l'autorité royale. Depuis Louis XIII les intendants « de justice, police et finances » s'étaient multipliés, souvent à demeure désormais dans les provinces. La commission d'intendant fut de plus en plus accordée par le Roi à des maîtres des requêtes habiles. Sous le règne personnel de Louis XIV, l'institution se stabilisa. Certes, Colbert, jaloux de ses prérogatives, souhaitait voir leur mandat fort temporaire (avec un mouvement tous les trois ans), mais déjà, avant la fin du règne, on vit des intendants ancrés dans leur capitale provinciale. Lamoignon de Basville, la bête noire du duc de Saint-Simon, fut intendant à Montpellier de 1685 à 1718.

L'intendant était commissaire du Roi. Non point comme on le croit trop, doté de pleins pouvoirs, mais magistrat et administrateur, plus ou moins compétent en matière de justice, de police, d'agriculture et d'élevage, de commerce et d'industrie, de voirie, de finances, d'administration militaire, sans parler de son rôle de tuteur des communautés d'habitants.

L'on croyait volontiers, au début de ce siècle, que les intendants de la grande époque – le XVIIIe siècle – avaient été durant cinquante ans les « hommes du Roi », puis, à la veille de la Révolution, « les hommes de la province ». Mais, ensuite, l'on a montré que les bons intendants avaient su depuis toujours être les hommes du Roi (soucieux de surveiller parlements et états provinciaux parfois rétifs) *et* les hommes de la province (s'efforçant d'en comprendre les particularismes et de s'y adapter). Ces particularismes pesaient parfois lourd. L'intendant de Bretagne se montrait bon agent du pouvoir central lorsqu'il n'avait pour contradicteur que le parlement provincial, ou bien que les États. Dès que parlement et états provinciaux faisaient cause commune, l'intendant se trouvait presque désarmé.

En fait, l'intendant n'est pas le seul agent local du

pouvoir central. Le gouverneur est le Roi présent en sa province, l'évêque est le Roi présent en son diocèse, l'intendant est le Roi présent en sa généralité. Rien n'est donc plus faux que de transformer l'intendant de province français en instrument de l'« absolutisme ». Commis par le Roi, dépendant avant tout du contrôleur général des finances, entouré ou assiégé par des forces centrifuges encore vivaces, l'intendant avait une triple mission : représenter (il le faisait très bien, étant riche et de noblesse de robe), informer (toutes les statistiques d'État partent de l'intendance) et agir.

Ses moyens d'action, quoique limités, se trouvent renforcés dès que l'intendant s'éternise à son poste. Tourny, à Bordeaux, reste treize ans (1733-1747) ; Dodart demeure à Bourges quarante ans ! S'ils avaient changé de poste tous les trois ans, nous n'aurions pas tant de canaux, de routes, d'allées, de places royales. Écrivant au contrôleur Laverdy, le vieil intendant d'Auch, M. d'Étigny, écrit : « Je quitterai ce monde avec la douce satisfaction d'avoir vu toutes mes peines et tous mes soins profiter à cette généralité. »

23. Les incohérences fiscales

Si la France des intendants apparaissait comme un État moderne ou un pays pilote, la France fiscale manquait à la fois de logique, d'ordre et d'équité. Au XVIIIe siècle les Anglais payaient globalement plus d'impôts que les Français, mais leur répartition était moins choquante. « Les pairs d'Angleterre [payaient leurs] impôts dans la même proportion que le reste du peuple » (Forbonnais). En France, il y avait trop de privilèges et trop de privilégiés.

En 1789, selon les chiffres de Necker, les recettes fiscales de l'État montaient à 475 millions, dont 191 millions venaient des impositions directes. En principe la prépondérance de l'impôt indirect (aides*, traites*, gabelle, etc.), déjà souhaitée au XVIIe siècle par Colbert, aurait dû épargner le menu peuple, mais 1° trop de privilégiés (nobles ou bourgeois) échappaient aux taxes indirectes, et 2° l'extraordinaire complexité de leur répartition

– les traites ou douanes intérieures découpaient le royaume en quatre zones et entretenaient une contrebande chronique – déconcertait et pénalisait les couches populaires.

La perception des impôts indirects avait été concédée à une société d'économie mixte, la ferme générale, « une des institutions les plus célèbres et les plus importantes de l'ancien régime » (M. Marion), définitivement organisée en 1726. Quarante capitalistes, apportant une caution considérable, les fermiers généraux, s'engageaient pour six ans à percevoir les impôts indirects et à verser à l'État un minimum garanti. C'était un système vieux comme le monde, modernisé par Colbert et remarquablement rodé au XVIIIe siècle. La ferme des impôts créait comme un écran entre le Roi et les contribuables et, de fait, elle provoquait chez ces derniers une haine chronique du « traitant ». Pourtant les fermiers généraux étaient à l'ordinaire des fonctionnaires compétents. La Ferme avait une organisation étonnante : on y trouvait, chose incroyable, un régime des retraites.

Cette modernité n'apparaissait guère dans le système de la fiscalité directe. Lui aussi présentait des contrastes régionaux ; dans les pays* d'élections, la taille (impôt aussi impopulaire que la gabelle) était *personnelle* (répartie localement par des « collecteurs » peu satisfaits de leur rôle ingrat, et toujours décriés) et ne touchait que les roturiers dépourvus de privilèges ; dans les pays d'états (comme la Bretagne, le Languedoc, le Dauphiné), la taille était *réelle* (frappant les biens, imposant les terres roturières, même celles que possédaient les propriétaires nobles).

La haine de la taille par les taillables ne semblait point frapper outre mesure les classes privilégiées. En 1776 le parlement de Paris justifiait ainsi les privilèges fiscaux de la noblesse entière : « Le service personnel du Clergé est de remplir toutes les fonctions relatives à l'instruction, au culte religieux et de contribuer au soulagement des malheureux par ses aumônes. Le noble consacre son sang à la défense de l'État et assiste de ses conseils le souverain. *La dernière classe de la nation*, qui ne peut rendre à l'État des services aussi distingués, *s'acquitte envers lui par les tributs*, l'industrie et les travaux corporels. » En ces termes choisis, MM. du Parlement voyaient sans émoi le peuple français comme taillable et corvéable.

La curieuse façon dont la taille était répartie et perçue encourageait la fraude. On se souvient du témoignage de Rousseau dans les *Confessions*, froidement reçu par un paysan geignard criant misère ; mais régalé de pain blanc et de jambon, dès que le rustaud eut compris que Jean-Jacques n'était point agent du fisc.

Depuis l'instauration par Louis XIV de la capitation* en 1695 et du dixième en 1710*, la noblesse et les privilégiés laïques payèrent enfin régulièrement des impôts directs, mais la capitation noble avait été fixée à un taux préférentiel. Il en fut de même du dixième, devenu au XVIIIe siècle le « vingtième ». Les non-privilégiés, outre capitation et vingtièmes, devaient la taille personnelle, et ces divers impôts royaux s'ajoutaient – on l'oublie trop – aux redevances seigneuriales et à la dîme*. D'où, sinon la colère, au moins l'amertume des plus pauvres sujets du Roi.

24. Le Trône et l'Autel

Le Parlement, nous venons de le voir, justifiait en 1776 les privilèges et exemptions du Clergé en raison de son triple rôle : l'instruction, le culte et l'assistance. Cet ordre curieux – qui plaçait la régie des écoles avant les sacrements – correspondait à l'ambiance des Lumières ; la triple fonction n'en était pas moins exactement rappelée.

Le monde ecclésiastique comprenait, à l'extrême fin de l'ancien régime, un peu moins de 140 000 membres. Le clergé régulier* (religieux et religieuses, moines et moniales) regroupait quelque 59 000 âmes (dont 28 000 femmes). La commission des réguliers, mise en place par le Roi en 1766 pour réformer les abus, avait pourtant fait supprimer 458 couvents. Le clergé* séculier représentait quelque 80 000 hommes d'Église (139 prélats, environ 10 000 chanoines, et les 70 000 prêtres assurant le culte des 40 000 paroisses). Le système des bénéfices* – cette mauvaise habitude – continuait de régner : 95 000 bénéficiers étaient décomptés.

Entre l'Église et la monarchie existait une complicité multiséculaire, puisque depuis Pépin le Bref l'Église sacrait le Roi ; puisque le Roi jurait le jour du sacre de protéger l'Église et lui conserver ses privilèges ; enfin puisque le concordat de 1516 avait donné au monarque le pouvoir de nommer aux bénéfices majeurs : évêchés et abbayes. Cette complicité fut traduite à l'évidence par la célèbre « Déclaration du clergé de France sur la puissance ecclésiastique » du 19 mars 1682, un texte rédigé par Bossuet – qui perdit ce jour-là toute chance d'être canonisé –, et voté par l'assemblée* du Clergé. On y lisait « que les rois et les souverains ne sont soumis dans les choses temporelles à aucune puissance ecclésiastique par l'ordre de Dieu » ; on y lisait « que les règles, les mœurs et les constitutions reçues dans le royaume et dans l'Église de France doivent avoir leur force et vertu ». Dans le conflit de la Régale*, opposant Louis XIV au pape Innocent XI, l'Église gallicane avait sans barguigner pris vigoureusement le parti du Roi.

Pourtant, en général, l'union du trône et de l'autel, qui sera si vivement dénoncée au temps de Charles X, évitait ce genre d'excès. Il y avait des prêtres en grand nombre dans l'aumônerie du Roi, sans oublier les si importants confesseurs de Sa Majesté ; il y avait des prêtres aux états généraux ou provinciaux ; il y en eut dans les ambassades (le cardinal de Tournon au XVIe siècle, le cardinal de Bernis au XVIIIe) ; on en trouvait dans les tribunaux (les conseillers clercs du Parlement), voire au Conseil* (les conseillers d'État d'Église). Mais on voyait peu ou prou leur « influence dans l'administration civile ; et lors même qu'un prêtre était premier* ministre, on n'avait point en France un gouvernement de prêtres » (Joseph de Maistre). Le royaume avait su se garder de la théocratie comme du césaropapisme.

Pourtant, au Grand Siècle, il y avait eu vraiment symbiose entre l'Église de France et la monarchie. Non seulement parce que juristes et théologiens s'étaient accordés point par point au sujet de la monarchie absolue et du droit divin, mais encore et surtout parce que l'apogée de cette monarchie avait coïncidé avec l'apogée de la contre-Réforme. Le siècle de Louis XIV et le siècle des Saints (François de Sales, Vincent de Paul, Jean-Baptiste de la Salle, Marguerite-Marie Alacoque, Jean Eudes, Louise de Marillac, Louis-Marie Grignion de Montfort, Marguerite Bourgeois, Jeanne Delanoue, etc.) se sont confondus. Mais ce que la monarchie française y gagna – conquête des cœurs dans les provinces annexées, loyalisme du menu peuple dans les rudes années 1702-1715 à la fin du règne de Louis XIV –, elle va le perdre au XVIIIe siècle. L'irréligion des « philosophes » ne put alors que contribuer à désacraliser la royauté.

Les cent trente-neuf archevêques et évêques ne furent pas tous ni sans cesse édifiants. De Louis XIV à 1789, il y eut toujours trop de non-résidents, trop d'évêques de cour, trop de prélats mondains. Mais le royaume compta aussi, tant au XVIIe qu'au XVIIIe siècle, d'admirables chefs de diocèse, comme Nicolas Pavillon, évêque d'Alet de 1639 à 1677, « le saint Charles Borromée de la France » ; comme Alain de Solminihac († 1659), l'édifiant évêque de Cahors ; comme Belzunce, évêque de Marseille au temps de la peste de 1720 ; comme Soanen († 1740), évêque de Senez ; comme Jean-François de la Marche, évêque de Léon depuis 1772. « Au XVIIIe siècle, ils étaient plus cultivés qu'au XVIIe et souvent meilleurs administrateurs, mais il leur manquait tout de même un peu de ce grand élan, de ce grand souffle apostolique qui avaient marqué le Grand Siècle » (R. Taveneaux).

La carte ecclésiastique de la France portait la marque de l'histoire même du royaume. Le Sud-Est reflétait la densité des villes gallo-romaines ; le Sud-Ouest marquait l'effort des papes d'Avignon pour contrecarrer l'hérésie albigeoise. A la veille de la Révolution, grand était le contraste entre les diocèses du Nord (Rouen contrôlait 1 388 paroisses, Amiens 800, Toul 764) et ceux du Sud-Est (Digne n'avait que 32 paroisses, Agde 25, Toulon 20 !). Les revenus des évêchés étaient aussi disparates. Strasbourg rapportait 400 000 livres, Paris 200 000, Toulouse 90 000, Lodève 29 000, Saint-Paul-Trois-Châteaux 10 000, Nebbio en Corse 4 000 !

Tous les cinq ans se réunissait l'assemblée statutaire du Clergé. Elle votait sans enthousiasme le « don* gratuit » réclamé par l'État, impôt global dont elle récupérait le montant en faisant payer les « décimes » à ses membres.

Les curés et vicaires n'avaient pas de revenus plus fixes que les évêques. Au nord de la France les cures étaient en général mieux rentées ; les curés bénéficiers étaient de vrais notables. Certains curés d'ancien régime, pourtant, au lieu de vivre grâce aux dîmes* et au casuel, n'avaient que la portion* congrue, un minimum vital assuré, fixé à 500 francs en 1768, à 700 depuis 1786. Celle des vicaires fut tarifée à 250 en 1778, à 350 en 1786. Depuis le milieu du XVIIIe siècle le clergé séculier traversait une crise de recrutement, que Loménie de Brienne, archevêque de Toulouse, déplorait devant l'assemblée du Clergé de 1775. Elle n'avait pas pour cause la modestie des revenus des « congruistes », mais un réel essoufflement du zèle de la contre-Réforme. L'Église était riche – possédant sept pour cent des terres du royaume, un capital d'environ trois milliards, un revenu supérieur à 150 millions de livres –, mais le bas clergé n'était pas aussi démuni qu'on l'a cru.

Le philosophisme n'avait pas entamé la foi des prêtres séculiers. On ne trouverait pas beaucoup d'émules du trop fameux curé Meslier († 1729), dont le *Testament* antireligieux fit le bonheur de Voltaire et du baron d'Holbach. Au contraire, « le clergé de France... luttait avec courage contre l'incrédulité » (Lamennais).

Le clergé régulier, si remarquable au XVIIe siècle, s'était laissé aller. Sous Louis XVI, il n'est pas rare de voir des bibliothèques monacales ressembler à des cabinets de lecture philosophique ou politique. Parfois « les couvents de la fin du XVIIIe siècle, riches et oisifs, abritent une version monacale des salons » (A. Besançon). Mais ces faiblesses ne pèsent pas d'un poids décisif. L'Église a toujours connu des périodes de basses eaux entre deux superbes crues. L'influence du concile de Trente – qui avait précisé le dogme, ranimé la spiritualité et réformé l'Église – a diminué. Elle est loin d'avoir disparu.

25. L'assistance et l'instruction

Énormes charges au cœur du budget des États modernes, l'assistance et l'instruction étaient, sous l'ancien régime, presque totalement du ressort de l'Église. L'assistance correspondait aux sept « œuvres de miséricorde » corporelle évangélique (donner à manger à ceux qui ont faim, donner à boire à ceux qui ont soif, vêtir ceux qui sont nus, accueillir les pèlerins, visiter les malades, délivrer les prisonniers, ensevelir les morts) ; l'instruction, à la première des œuvres de « miséricorde spirituelle » : instruire les ignorants.

Les troubles du XVIe siècle n'avaient permis à la charité que quelques interventions ponctuelles. C'est au XVIIe siècle que l'assistance fit le plus de progrès. Vincent de Paul et aussi la compagnie du Saint-Sacrement (organisation de pieux laïques) furent à l'origine de la fondation en 1656 du célèbre hôpital général de Paris, à la Salpêtrière. Ce refuge géant pour pauvres, gueux et mendiants, aujourd'hui critiqué sous le nom de « grand renfermement », fut considéré comme une des réussites du siècle, d'ailleurs généralisé par l'édit du 14 juin 1662 et la lettre du Roi aux évêques du 6 juin 1676. Ces textes ordonnèrent la création d'hôpitaux généraux dans toutes les villes.

Cependant l'Église, soutenue par l'État, augmentait le nombre des hôpitaux de soins, les hôtels-Dieu. L'État, surtout au XVIIIe siècle, tenta de contrôler davantage l'assistance, mais, sans l'Église, « il n'y aurait pas d'assistance publique. Le clergé fournit la presque totalité du personnel des hôtels-Dieu et des hôpitaux généraux » (J. de Viguerie). Entre 1750 et la Révolution, les filles de la Charité (ou sœurs de saint Vincent de Paul) prennent en charge « trente nouveaux hôpitaux. Dans d'innombrables villes, bourgs et villages se trouvent des *maisons de charité* (appelées aussi *Providences* ou *bouillons des pauvres*) tenues par des religieuses, et qui sont à la fois des dispensaires, des hospices, des écoles et des soupes populaires » (Viguerie).

« Sans le clergé, pas d'assistance. Sans le clergé, peu d'écoles. Le clergé fournit le personnel enseignant de tous les collèges et de la plupart des petites écoles » (Viguerie). Même les collèges militaires, créés par le Roi en 1776, sont confiés à des religieux (oratoriens, bénédictins et pères de la doctrine chrétienne). Pourquoi pas aux jésuites, ces maîtres de la pédagogie, l'institut qui, depuis l'aube du XVIIe siècle a créé le plus grand nombre de collèges et les établissements les plus réputés ? Parce que la compagnie de Jésus, haïe par Choiseul et détestée par le Parlement, a été supprimée par édit royal en 1764. « Des ecclésiastiques et des religieux se sont réjouis en France de la destruction des jésuites. Ils n'ont pas vu qu'elle était le germe de la leur » (Véri).

Au XVIIIe siècle, un des thèmes favoris de l'iconographie chrétienne – en peinture et dans la décoration des retables – est celui de sainte Anne apprenant à lire à la Vierge Marie. A Paris, « l'alphabétisation progresse, les écoles se multiplient..., les laquais lisent » (D. Roche). Au nord de la fameuse ligne Genève – Saint-Malo, la France de 1789 sait lire et sait écrire ; au sud, elle s'active afin de diminuer son retard. En 1688, 29 pour cent des Français seulement et 14 pour cent des Françaises pouvaient signer leur acte de mariage. Cent ans plus tard, on était passé respectivement à 47 pour cent et à 27 pour cent.

Ces résultats étaient dus aux « petites écoles » primaires. Louis XIV en avait prescrit la création (1695 et 1698) en toute paroisse encore démunie. Le XVIIIe siècle les vit proliférer. « Qui fonde des écoles ? Qui donne aux écoles ? Des nobles, des bourgeois, mais surtout des ecclésiastiques. Le cas le plus fréquent est celui du curé qui fonde par testament dans sa paroisse » (Viguerie). Qui assure l'enseignement ? Dans deux cas sur trois des « sœurs d'école », religieuses enseignantes.

L'enseignement secondaire, avec ou sans les jésuites, suivait leur exemple et copiait leurs méthodes pédagogiques si efficaces. Lorsque le Parlement, en 1763, voulut s'en mêler, il ne fit pas mieux ; tant s'en faut. Ainsi, au siècle des « Lumières », l'Église fut, n'en déplaise à Voltaire, bien éloignée de l'obscurantisme.

26. Les ordres et la prétendue « société d'ordres »

L'idée de définir la France d'ancien régime comme une « société d'ordres » vient d'Allemagne, pays où les « ordres » (dits aussi « états ») ont gardé très longtemps une importance politique. En Prusse, le roi Frédéric II (1740-1786) lutte encore contre d'ombrageux états provinciaux. A Vienne, à Prague, à Presbourg il faut compter, au XVIIIe siècle même, avec les ordres. Leur force de résistance – politique et sociale – fut une des causes de l'échec de Joseph II, l'Empereur réformateur.

En France, au contraire, quand débute l'ancien régime, les ordres (Clergé, noblesse et tiers état) sont en train politiquement de perdre la partie : 1614 est leur dernier sursaut. Sur le plan social, ces ordres sont moins tranchés que dans les pays étrangers aux structures vieillies. Au total, dès le XVIe siècle, les ordres sont surtout des divisions juridiques. On sait qu'il n'existe pas de droit commun à la veille de 1789. A la division géographique entre droit coutumier (au Nord) et pays de droit romain (au Sud) se superpose la distinction des personnes face au pouvoir judiciaire : c'est surtout sur ce point que les ordres subsistent. Condamnés à mort, le roturier était vulgairement pendu, l'aristocrate était noblement décapité.

Mais les manuels scolaires sont longtemps restés fidèles à une classification « politico-juridico-sociale » de division en trois ordres : Clergé, noblesse et tiers état ; une sorte de société d'ordres assez sommaire. Le professeur d'histoire tentait souvent de la diversifier et de la nuancer en distinguant : haut (évêques), moyen (chanoines) et bas clergé (curés et vicaires) ; en séparant noblesse de cour (ducs* et dignitaires), noblesse moyenne et petite noblesse (hobereaux), ou bien en opposant, ici une noblesse ancienne au monde des anoblis, là l'épée* à la robe*. Pour le tiers état, il fallait bien sûr plus de détails. Ce schéma des ordres était statique, excluant les nuances, marquant des frontières abusives ou presque inexistantes. Le second ordre, la noblesse, était souvent défini ou décrit comme une caste.

Une école historique, née dans les années soixante, a prétendu définir, plus scientifiquement, la société française de jadis comme une « société d'ordres » prolongeant les structures et respectant les « stratifications » du moyen âge. Elle s'appuyait sur les idées du juriste Loyseau, auteur du *Droit des offices* (1609). Toute la hiérarchie sociale aurait été fondée sur le rang, la dignité, les privilèges. D'une priorité certaine, l'on faisait un absolu. Au reste, Loyseau est un mauvais guide qui, philosophant comme Platon au lieu de décrire la société de son temps, rêvait sur un passé antérieur à la France de François Ier.

L'expression de « société d'ordres » est malheureuse. D'abord un monde aussi évolué que le royaume des Valois et des Bourbons se peut mal définir en trois mots. En second lieu, dès 1614 la notion d'« ordres » semblait en France déjà anachronique. La montée de la noblesse de robe, pour ne prendre que cet exemple, scellée en 1604* par l'hérédité des offices*, modifiait l'ancienne frontière entre la noblesse et le tiers état. Les états généraux de 1614 vont être les avant-derniers. Les « ordres » en tant que tels ne restent visibles que dans les états provinciaux : là seulement, distinctions, oppositions, contentieux passager sont observables, au gré du cérémonial, des conflits de préséances, des heurts de privilèges, voire des tentatives d'union.

Une hiérarchie protocolaire, d'ailleurs approximative (en 1789, Lavoisier ne sait pas s'il doit siéger avec la noblesse ou avec le Tiers), ne saurait sérieusement fonder un classement social. La plus stricte hiérarchie apparente, celle des armées, n'a jamais empêché (cf. *Guerre et Paix* de Tolstoï) l'existence d'une hiérarchie occulte : le prince André Bolkonski, capitaine aide de camp, est reçu avant les généraux. A l'inverse, Loyseau croit sérieusement qu'un marquis est plus qu'un comte, qu'un comte passe avant un baron, etc. La chose est d'autant plus absurde que les nouveaux nobles riches et influents du XVIIe siècle, volontiers titrés marquis, n'ont aucune raison de dominer de vieux gentilshommes d'ancienne extraction n'ayant d'autre titre qu'une baronnie de simple courtoisie.

Le concept d'ordres, particulièrement anachronique au XVIIIe siècle, ne reprend vie qu'en 1788 et 1789, à la veille de la Révolution. Mais ici « tiers état » a cessé de désigner la bourgeoisie. Le mot est appliqué à la masse innombrable des roturiers, car la bourgeoisie comprend alors qu'elle a besoin du soutien populaire, le soutien de classes à qui elle vient de communiquer son apparent désir d'égalité. Mais cela nous éloigne de la société d'ordres ; d'autant que ses derniers fidèles la font se dissoudre aux alentours de 1750, lui font céder la place aux classes sociales de type moderne.

27. *La « société de classes » et ses limites*

Si la « société d'ordres » a le tort de trop prolonger à l'âge moderne certaines réalités du moyen âge, la thèse contraire, celle de la « société de classes » – marxiste ou marxisante – anticipe sûrement trop sur le XIXe siècle. Claire et commode depuis la révolution industrielle, la division d'une société en classes sociales n'est pas toujours visible, et n'est pas toujours vraie. La noblesse ou second ordre n'est point un corps homogène. Mais que dire ensuite ? Elle ne saurait être en bloc une classe sociale : certains ducs de l'entourage du Roi ont un prestige et une notoriété supérieurs à tels princes souverains du Saint Empire. Comment les réunir à de pauvres gentillâtres du Limousin, mangeurs de châtaignes et trop gueux pour répondre au ban* et à l'arrière-ban ? Mais, si la noblesse doit éclater en classes, comment distinguer et nommer ces classes ? L'épée* n'est point une classe, qui fait voisiner la noblesse de cour et celle de Paris, la noblesse des grandes villes et celle des manoirs, des colonels « à la bavette », chefs de corps à seize ans, et des cadets aventureux engagés comme simples soldats. La robe* n'est pas davantage une classe, encore moins une caste, qui regroupe de grandes dynasties comme les Longueil de Maisons, rivalisant avec les gens de cour, et des fils de financiers anoblis par « savonnette* à vilain ». A la rigueur, et nous retrouvons ici le vocabulaire même du XVIIIe siècle, on parlera de « la classe des ducs ». C'est presque la seule catégorie noble assez homogène pour être isolée.

Dans le tiers état, les définitions sociales ne sont ni plus aisées ni plus légitimes. Prenez les « Six-Corps », grandes corporations privilégiées de la capitale (merciers, pelletiers, épiciers, drapiers, bonnetiers et orfèvres). Vous pensez ici avoir affaire à de grands négociants. Vous êtes tenté de les réunir en une classe sociale. Mais la réalité est différente. A la limite, vos marchands des Six-Corps ressortissent seulement à quelque société d'ordres. J'entends qu'ils représentent un échelon définissable de dignité, un étage dans la table des rangs. Car, si les drapiers sont en général des marchands manufacturiers, industriels opulents et dynamiques, merciers est un terme passe-partout, à peu près synonyme de marchands, désignant sous l'ancien régime aussi bien des boutiquiers modestes au « sourire de mercière », que de « gros marchands merciers ». Ces derniers « vendent toutes les belles étoffes de soie, d'or et d'argent, et quelque marchandise que ce soit, tant du royaume que des pays étrangers, comme étoffes, cuirs, fourrures, tapisseries, passements, soies, joailleries, drogueries, métaux, armes, quincaillerie, dinanderie, coutellerie, et tous ouvrages de forge et de fonte » (Furetière). Bref, non seulement il ne convient pas de grouper les marchands des Six-Corps dans une seule classe sociale, mais il est interdit de parler sans erreur d'une classe unique des merciers.

A la rigidité des cadres juridiques (vous êtes jugé par l'officialité* si vous êtes d'Église, par le présidial si vous êtes un bourgeois non privilégié, par la prévôté de l'Hôtel si vous êtes commensal, par le Parlement si vous êtes noble, par la cour* des pairs si vous êtes duc*, etc.) s'oppose la souplesse de la réalité sociale, mais celle-ci est si grande depuis le XVIe siècle qu'on ne parvient point à la corseter en des classes sociales.

La tentation marxiste privilégia longtemps le critère de l'argent. Mais accorder à ce dernier trop d'importance conduit vite à des contresens entés sur l'anachronisme. La richesse permet peut-être certains classements de détail (distinguer les riches médecins des praticiens ruraux, distinguer les grands et les petits meuniers, les gros et les petits aubergistes, etc.), elle est impuissante à fonder une hiérarchie : « L'ancien régime n'a jamais été le règne de l'argent » (Péguy). La hiérarchie sociale est une affaire plus compliquée.

28. Stabilité et mobilité sociale

En apparence la société d'ancien régime semble stable, en même temps que fortement hiérarchisée. La grande majorité des mariages se conclut à niveau égal : les ducs se marient à la Cour, les procureurs (nos avoués) ont pour gendres d'autres procureurs, les hobereaux cousinent à qui mieux mieux, les journaliers des campagnes épousent des journalières (ou, plus souvent, et ceci explique la persistance des mariages tardifs, le journalier attend d'avoir un lopin de terre pour épouser la journalière sa voisine). Dès lors certains confondent la société d'ancien régime avec celle du mythe final de *La République* de Platon, où chaque être est fixé dans sa condition.

De fait, cette stabilité fut toujours relative. Les troubles politiques et sociaux, au temps des guerres de religion, avec la Fronde ou au moment du système de Law (1716-1720), ont pu ruiner les uns, favoriser étrangement les autres, et le laquais devenu traitant* par la grâce de la rue Quincampoix ne se rencontra pas que dans les chansons. Au XVIe siècle, dans la France de Henri II comme dans l'Espagne de Philippe II, il était deux voies favorisant l'ascension sociale : l'Église et l'état militaire. Depuis l'installation des jésuites sous Henri IV, et avec l'essor des congrégations enseignantes (oratoriens, eudistes, pères de la Doctrine), il s'en ajouta une troisième : l'instruction. L'instruction, renforcée par l'intelligence, l'ambition, le mérite et la chance. C'est ainsi que Marmontel s'éleva. Sans les jésuites de Mauriac et de Clermont, jamais l'auteur de *Bélisaire* ne serait devenu l'un des écrivains les plus connus de l'Europe des Lumières.

Cependant si le héros du *Paysan parvenu* de Marivaux est un coquin ambitieux parti de rien, c'est le départ qui reste le plus difficile : trouver un peu d'argent, une occasion favorable et quelques appuis. Au-delà, tout peut faire boule de neige. Au XVIe siècle on entre plus aisément dans la noblesse par usurpation (Agrippa d'Aubigné est un faux noble, servant le futur Henri IV, vivant noblement et soutenu par l'amitié du prince) que par voie légale. Sous Louis XIV, on assiste à de nombreux passages de la bourgeoisie riche à la noblesse, favorisés presque toujours par des emplois lucratifs de finance, une opportune « montée » à Paris, enfin l'achat d'une savonnette* à vilain ou autre office anoblissant. Au XVIIIe siècle, on demande au parvenu d'être « honnête homme » ou « homme de bonne compagnie », d'être bien vêtu, de porter l'épée, d'éviter d'être pédant. On lui demande d'avoir de l'esprit en société, et de cultiver les belles manières ; on ne lui demande pas de faire preuve de noblesse. Une *gentry* à l'anglaise s'est constituée. Décoré pour bravoure à la guerre, n'importe quel Népomucène Bayard peut être annoncé dans les salons comme « le chevalier Bayard ».

Si cette mobilité sociale avait été plus précoce, plus aisée, plus assurée donc plus fréquente, la relation élite et noblesse eût évité maint grippage, et certaines causes sociales secondaires de la Révolution eussent été évitées.

Sous l'ancien régime, une des meilleures manières d'observer le jeu social et peut-être même l'état de santé de la société, eût été de comptabiliser les passages entre tiers état et noblesse. Pour le Roi et le gouvernement, quand l'anoblissement va, tout va… du moins dans l'ordre de l'équilibre social. Autant il aurait semblé dangereux de multiplier sans mesure les anoblissements, au risque de créer une noblesse pléthorique et ombrageuse à l'image de celle de Pologne, autant il paraissait nécessaire au régime de récompenser des militaires et des magistrats, des négociants et des armateurs, des financiers et des manufacturiers en les faisant entrer (ou les laissant entrer) dans le second ordre, c'est-à-dire dans l'élite officielle.

Même si la mobilité sociale, freinée par le fisc et par les grandes « recherches de noblesse » (comme celle de 1666-1674), n'eut pas les effets escomptés, elle fut, et fut toujours d'ailleurs, facilitée par l'existence en France de nombreuses catégories intermédiaires – nous dirions aujourd'hui : classes moyennes –, plus importantes qu'en Espagne, qu'à Naples, qu'en Prusse, qu'en Russie et dans bien d'autres pays d'alors.

L'existence de cette mobilité sociale à la française apparaît clairement dans la hiérarchie officielle de 1695.

29. Une table des rangs à la française

Plusieurs générations d'historiens ont tenté sans succès de décrire la société d'ancien régime, soit en accordant trop de prix aux distinctions apparentes (le marquis de Carabas de Perrault, devenant ainsi plus grand seigneur que le vicomte de Turenne, cousin du Roi), soit en introduisant des termes ou classements venus du XIXe siècle ou de la révolution industrielle.

Nous avons désormais pour en juger un document non anachronique, un document d'une richesse inouïe, texte d'époque et vérifié en son temps par les meilleurs connaisseurs, c'est le tarif de la capitation* de 1695. Imitant la Prusse et l'Autriche, le Roi et M. de Pontchartrain, son grand argentier, créèrent en France un impôt par tête ou capitation. Ce n'était pas un impôt sur le capital ; ce n'était pas un impôt sur le revenu ; c'était un impôt sur le rang. C'est pourquoi le tarif qui l'accompagnait demeure pour nous comme une analyse spectrale, et une hiérarchie de la société française saisie spontanément – ou presque – aux deux tiers de l'histoire de l'ancien régime.

Le rang des contribuables, groupés en vingt-deux « classes » (la première taxée à 2 000 francs, la vingt-deuxième à vingt sous), dépendit apparemment de quatre critères : 1° la *dignité*, 2° le *pouvoir*, 3° la *fortune* et 4° la *considération*. La place première attribuée à la dignité montre que, à certains égards, l'ancien régime participait d'une « société d'ordres » (en classe IV, le ministre s'est contenté d'énumérer les principaux officiers du Châtelet* selon la hiérarchie officielle, en partie trompeuse, de ce tribunal : le prévôt* de Paris, le lieutenant* civil, le lieutenant* de police). Mais la notion de pouvoir, ou de puissance politique et publique, infiniment plus moderne, vient aussitôt après, qui place sans hésiter les fermiers généraux avant les ducs et pairs (or, en 1695, il y a des fermiers généraux encore roturiers). Le troisième critère visible est la richesse ; ainsi l'ancienne société participaitelle d'une « société de classes ». Le rédacteur du tarif n'a pas craint, par exemple, de placer les gardes du trésor royal bien avant les conseillers d'État, et les trésoriers généraux de la marine nettement avant les vice-amiraux. Brochant sur les trois premiers critères du rang s'en rencontre un quatrième, délicat, fluide, à décourager les tenants de l'histoire quantitative. Je veux parler de la considération. La considération, le père Bouhours l'aurait au XVIIe siècle appelée un *je ne sais quoi*. Elle complétait, corrigeait, nuançait les autres éléments. Appelons-la, faute de mieux, cote d'amour.

Cette table des rangs, qui devance d'un quart de siècle celle de Pierre Ier de Russie, ne se limitait pas à la hiérarchie du service public civil ou militaire ; elle prétendait recouvrir toutes les professions, toutes les dignités*, toutes les fonctions, tous les métiers. Elle partait du Dauphin, héritier de la Couronne ; elle descendait (XXIIe classe) jusqu'aux soldats, aux manouvriers, aux bergers, aux garçons des cabarets.

L'Église n'y figurait point, dès lors que le Clergé avait au dernier moment échappé à l'impôt normal ; les commensaux* non plus, qui firent l'objet d'une liste à part ; mais les omissions sont rares et les erreurs insignifiantes. Tout au plus observera-t-on que le négoce et les manufactures furent sous-estimés (en 1760 il n'en aurait pas été de même, dans la prospérité de la France de Louis XV), tandis que le service de l'État était minutieusement dénombré et mis en valeur. Mais le fait est caractéristique de tous les anciens régimes d'alors ; à l'exception peut-être des deux puissances maritimes et mercantiles – comme par hasard protestantes –, l'Angleterre et la Hollande.

30. Le sommet de la société

En cette monarchie aristocratique qu'était la France, non seulement la structure sociale apparaissait comme pyramidale, mais il s'agissait d'une pyramide effilée. La classe I, celle de la Cour et du gouvernement, ne concernait que soixante-quinze personnes : la famille royale, le

Chancelier, le contrôleur général des finances, les ministres et secrétaires d'État, les principaux officiers* comptables, enfin les fermiers généraux (ministère collégial de l'impôt indirect). La place du Chancelier, immédiatement après la maison de France, ne saurait surprendre. Depuis l'extinction en 1627 de l'office de Connétable*, le chancelier de France était le premier des grands* officiers de la Couronne. *Cedant arma togae.* Ce qui peut étonner davantage, c'est l'intrusion de tant de financiers dans une catégorie qu'entraîne le Dauphin. Mais plus les historiens étudient les gens de finance (pour la première moitié du Grand Siècle on possède aujourd'hui des repères assurés), plus on découvre que les Rois n'ont pas attendu l'organisation définitive (1726) de la ferme générale pour promouvoir socialement ces hommes que les problèmes fiscaux de l'État et son endettement chronique avaient rendus indispensables. On les flattait donc, on les encensait, on les encourageait à épouser des damoiselles de la haute noblesse, en attendant de les pressurer périodiquement par le biais des « chambres* de justice ». Et voilà pourquoi un État traditionaliste, mais plus réaliste que sa réputation, avait laissé placer la grande finance avant le club des ducs.

Dans les classes suivantes apparaissaient d'autres grands serviteurs de l'État selon un rythme ternaire et répétitif : épée – robe ou plume – finance. Princes, ducs et maréchaux (classe II) précédaient le premier président du Parlement et les trésoriers des revenus casuels. Chevaliers du Saint-Esprit et vice-amiraux (classe III) devançaient de peu les présidents à mortier du même parlement de Paris et les trésoriers de l'ordinaire des guerres. Mais déjà la robe et la plume – c'est-à-dire les agents de la monarchie administrative – tenaient une place grandissante et justifiée. Les trente conseillers d'État, le lieutenant général de police et le prévôt* des marchands de Paris (classe IV) précédaient les maîtres des requêtes (ces « énarques d'avant l'E.N.A. »), les intendants de province (pièces maîtresses de l'administration royale) [classe V], les premiers présidents des conseils* supérieurs, les présidents à mortier des parlements provinciaux, les présidents de chambre du parlement de Paris (VIe classe).

L'opinion avait admis ou devait admettre de voir les lieutenants* généraux des armées du Roi (VIe classe) devancés par les maîtres des requêtes (classe V) ; de voir placer dans la même classe (la VIIe) « les marquis, comtes, vicomtes et barons », c'est-à-dire les gentilshommes* titulaires d'un fief* de dignité, les présidents des chambres des comptes des provinces et par exemple aussi le greffier en chef de la cour des monnaies.

C'est que la noblesse en tant que telle, la « naissance », avait, par la volonté du Roi, cessé d'être un indice de supériorité absolue. Au reste, si les contribuables du royaume étaient répartis en vingt-deux classes, la noblesse se trouvait ici découpée en sept catégories différentes, échelonnées entre la première classe (les princes du sang) et la XIXe (les « campagnards », nobliaux, « hobereaux » ou « gentillâtres », ici poliment nommés « gentilshommes n'ayant ni fief ni château »). Dans l'intervalle se glissaient à leur rang réel dans la société : les ducs (IIe classe), les chevaliers du Saint-Esprit (classe III), les gentilshommes seigneurs de paroisse (X^{e} classe) et ceux possédant fief et château (XVe classe). Le tarif de 1695 soulignait à l'envi le caractère bien peu homogène de la noblesse ; il écrasait les dignités, abaissait les vanités, nuançait au mieux les conditions diverses de l'état noble ; il accordait avec bonheur aux possessions ou à leur absence, au crédit ou à son absence, une part souvent négligée par l'historiographie. Mais rien n'interdisait aux nobles de faire mieux que tenir fief, de « servir » dans les armées terrestres ou maritimes, de grimper les échelons du tarif ; et même d'en faire une question d'amour-propre, dans le cadre de cette conjoncture baroque où la vanité et l'ambition pouvaient faire souhaiter de payer plus d'impôts.

31. La noblesse

L'exégèse du tarif de capitation nous a introduits dans le petit monde de la noblesse ; un monde contrasté et compliqué, avec ses « grandeurs d'établissement » (Pascal), ses dégradés de fortune et de rang. Le « second ordre » qui, en 1789, à l'instar du Clergé, ne réunit guère que 140 000 membres (9 000 familles), était un peu l'image réduite d'une société. Une société dont les élites « sont sur-représentées, au point d'éliminer les paysans et de minorer les bourgeois » (E. Le Roy Ladurie). Il est vrai qu'alors « la noblesse est un grand avantage, qui, dès dix-huit ans, met un homme en passe, connu et respecté, comme un autre pourrait avoir mérité à cinquante ans ! C'est trente ans gagnés sans peine ! » (Pascal).

La noblesse d'ancien régime a des racines anciennes. Un noble sur vingt peut prétendre remonter aux temps féodaux, être d'une « noblesse chevaleresque », issue du fief et du service guerrier, antérieure au temps des premiers anoblissements. Ce petit groupe, bien représenté dans le club des ducs (les Montmorency, les Rochechouart), est prolongé par quelques centaines de familles d'« ancienne extraction » – remontant leurs preuves de noblesse au XVe siècle ou environ. Elles sont répandues dans tout le royaume, plus ou moins considérées, plus ou moins riches, mais en général fidèles au service militaire et à la terre.

Les grandes recherches de noblesse, comme celle de 1666, ont confirmé nobles nombre de représentants de familles de simple « extraction », prouvant en général quatre générations de noblesse : c'est la preuve centenaire, qui vous fait reconnaître noble et nommer gentilhomme. En bien des cas, si l'on avait remonté d'un degré ou deux, on aurait alors trouvé un ancêtre parfaitement bourgeois. Le XVIe siècle a permis mille usurpations.

Car la frontière ne fut jamais nette entre les nobles véritables et les habiles « vivant noblement ». Or, depuis les établissements de saint Louis (1275) jusqu'aux états de Blois (1578), les propriétaires de fiefs pouvaient être anoblis en trois générations. Au XVIe siècle, deux générations d'exercice d'une grande charge de robe – comme celle de président ou de conseiller de cour souveraine – ou d'une fonction militaire honorable, anoblissaient. En fait, en cumulant une charge d'un certain niveau, la possession d'un fief et la « vie noble » (ne pas exercer un métier mécanique, ne pas payer la taille), les habiles passaient alors sans trop de mal dans le second ordre.

Mais la noblesse, si elle devint plus difficile à usurper depuis 1600, était toujours accessible. Le Roi anoblissait par lettres patentes pour services rendus : au XVIIe siècle on vit ainsi anoblir la famille Corneille, ou des marins heureux comme Gabaret, Job Forant et Jean Bart. Cependant le renouvellement de l'élite officielle se faisait surtout par les charges. Certaines villes, depuis 1372 (Poitiers) parfois, avaient une mairie ou même un échevinage procurant la noblesse. A la veille de la Révolution, n'existait plus de « noblesse de cloche » ou échevinale qu'à Angers (maire), Angoulême (maire), Bourges (maire), Lyon (prévôt des marchands et échevins), Paris (*idem*), Poitiers (maire), Toulouse (capitouls), Perpignan (citoyens nobles).

La noblesse de chancellerie, acquise par l'achat et l'exercice d'un office de secrétaire du Roi, venait ensuite. Depuis Charles VIII cette charge anoblit, avec « mêmes honneurs et... prérogatives que les nobles qui ont passé le quatrième degré ». Or ce n'est qu'une sinécure, et on la moque sous le nom de « savonnette à vilain ». La charge est chère, mais elle anoblit en vingt ans, en une génération, et le postulant ne s'expose pas à être refusé, comme ce pourrait être le cas si, trop proche de la marchandise ou même de la finance, il avait essayé d'entrer dans une cour souveraine. Ainsi la place de secrétaire du Roi devint la plaque tournante du renouvellement des élites. Puisqu'il faut être noble pour administrer la France (à quelques exceptions près), le système ne peut fonctionner que si le renouvellement de l'élite officielle est suffisant et bien rodé. S'il y a grippage au temps de Louis XVI, c'est parce que 1° les bourgeois riches susceptibles d'acquérir une savonnette à vilain sont de plus en plus nombreux, et parce que 2°, sous l'influence des banquiers suisses, des Mallet et des Necker, il existe désormais une élite entreprenante que le souci d'anoblissement a cessé d'obséder. Anobli, M. Necker n'eût socialement rien gagné. Ainsi, à la fin de l'ancien régime, le passage de la roture à la noblesse, s'il est égal en valeur absolue, est désormais insuffisant en valeur relative, et d'autre part ceux qui désormais passent encore ne sont pas les meilleurs.

Beaucoup plus honorable était l'anoblissement par charges de robe, paradoxalement moins encouragé par le Roi. Il faut attendre 1600 pour que la noblesse de robe passe de la réalité coutumière au plan légal. Les principales charges des parlements, chambres des comptes, cours des aides et autres cours souveraines, ainsi que celles des bureaux des finances anoblissaient en deux générations (vingt ans d'exercice chaque fois, ou mort en charge). Cependant les parlements de Paris, de Besançon, de Flandres et de Dauphiné, les chambres des comptes de Paris, de Dole, de Grenoble, la cour des aides de Paris avaient le privilège d'anoblissement au premier degré.

Être noble, sous l'ancien régime, c'était, sur le plan juridique, appartenir à titre héréditaire à une catégorie privilégiée, être dispensé de payer la taille et autres impôts roturiers, pouvoir tenir fief noble sans payer de droits, se parer dans les actes de la qualification d'écuyer ou de chevalier, être admis au partage noble (droit d'aînesse) en pays coutumier (comme la Bretagne ou la Normandie), recevoir éventuellement des ordres de chevalerie (comme le cordon bleu, l'ordre du Saint-Esprit).

C'était aussi payer « l'impôt du sang », être disponible pour servir le Roi à la guerre et s'y faire tuer avec honneur. *Honneur et fidélité* aurait dû être la devise des nobles. Malheureusement les « grands » restèrent jusqu'à la Fronde (1648) des féodaux indociles, inventant à l'occasion un prétendu « devoir de révolte » pour justifier leur appartenance à la Ligue ou leur engagement dans la Fronde. Il fallut Louis XIV pour les discipliner, en faire des commensaux actifs, des soldats valeureux, l'ornement d'une Cour où l'oisiveté déplaisait et l'intrigue avortait. Versailles brilla avec leur concours. Les grands cultivaient l'« honnêteté », le mécénat (concurrencés, il est vrai, par le Roi, par le Dauphin et par les riches financiers), la littérature. A la classe des grands appartenaient le cardinal de Retz, les ducs de la Rochefoucauld et de Montausier, mais aussi Mme de Sévigné et Fénelon. Le XVIIIe siècle vit tout se gâter. Trop coupé de Paris, Versailles s'étiola, et ce n'est pas la présence de quelques ducs au gouvernement qui améliora la réputation de la noblesse.

« Une des choses, écrivait vers 1750 le marquis

d'Argenson, qui a le plus avili la noblesse dans ces derniers temps, c'est de reconnaître deux classes séparées parmi elle, celle des gens établis assiduement à la Cour par leurs charges ou qui la fréquentent, et celle de la simple noblesse qui se tient dans ses terres ou vit loin de la Cour. » Argenson oubliait l'importante fraction intermédiaire des nobles de province résidant en des villes parlementaires, comme Aix, Dijon ou Besançon, ou dans des villes d'intendance, comme Bourges ou Orléans. On y rencontrait à la fois d'anciens nobles et de riches parlementaires – les uns et les autres invités par M. l'intendant ; tous enviant la Cour et méprisant les nobliaux –, intéressés par les académies et les sociétés d'agriculture, tenant parfois des salons qui, aux modes près, ne sentaient pas trop leur province.

La noblesse campagnarde, souvent méprisée dès le XVIIe siècle, non seulement par les courtisans, mais aussi par les bourgeois de Paris, vivait ou vivotait en ses manoirs, écartelée entre la crainte de déroger et la difficulté de servir. Même dans l'infanterie on ne pouvait espérer monter en grade sans argent. Or le hobereau devait aussi doter ses filles (pour les marier ou pour les faire entrer en religion), et les redevances en argent de sa petite seigneurie suffisaient souvent à peine à nourrir une grande famille et à conserver un minimum de train de vie.

Au milieu du XVIIIe siècle, justement lorsque s'est amorcée une évidente montée des prix, la noblesse française est en crise ou se croit victime d'une crise. Non la grande noblesse, pensionnée, cajolée par le Roi, passionnée par des expériences agronomiques ; mais toutes les autres. Le noble de la capitale n'a pas assez de fortune pour acheter une charge de conseiller à la cour des aides ; le noble provincial servant aux armées est irrité par la concurrence de roturiers riches venus de la finance ; le noble de la campagne rumine les thèses du comte de Boulainvilliers (la noblesse descendrait des Francs, les roturiers des Gaulois vaincus ; et voilà que les Gaulois s'enrichissent, se poussent et triomphent).

A cette crise l'abbé Coyer, un polygraphe plein d'idées, prétendit apporter le remède. Il publia une

Noblesse commerçante (1756), puis un second ouvrage sur le même sujet. Selon Coyer la noblesse n'aurait pu voir restaurer son lustre ancien que si elle s'était lancée dans les activités économiques modernes ; comme le faisait la noblesse anglaise. A cela le chevalier d'Arc répondit par une *Noblesse militaire :* à quoi servirait à la noblesse de retrouver la richesse, si elle en venait à perdre son âme ?

Cette polémique sembla marquer un sursaut de la noblesse. Cette dernière se réveilla largement sur le plan intellectuel. On la vit s'évertuer à l'école militaire (1751), dans les collèges militaires (1776), dans les armes savantes (le génie et l'artillerie) et dans la marine royale (compagnies des gardes-marine).

Malheureusement ces louables efforts pouvaient être interprétés par les roturiers dynamiques comme une forme subtile et inquiétante de « réaction* nobiliaire », et c'est ce qui se passa. Les privilèges étaient désormais mal supportés, même si Burke voyait encore dans la noblesse française « une chevalerie ».

32. Les classes moyennes

C'est aux Valois, depuis Louis XI si dur pour les grands, et aux Bourbons (car la politique anti-nobiliaire de Richelieu a laissé des traces physiques, psychologiques et morales), que la France a dû le remarquable développement des bourgeoisies. La grande bourgeoisie de finance s'est faufilée jusque dans la première classe de la capitation, « ennoblie » en quelque sorte par l'ombre prestigieuse du Dauphin qui l'inaugure. Les gazettes étrangères ne se privèrent point de souligner ce paradoxe novateur. Si Louis XIV, quoi qu'en ait dit Saint-Simon, n'a pas gouverné avec des bourgeois, il a laissé quelques bourgeois riches et compétents être associés au pouvoir et il a officiellement reconnu leur importance, leur caractère indispensable. Et voilà pourquoi la société d'ancien régime fut loin d'être une « société d'ordres ».

Le tiers état traditionnel, le monde où par exemple le Roi choisissait les échevins (nos conseillers municipaux) de Paris, était composé de bourgeois de robe et de bourgeois des corps marchands. Cette habitude, qui, une fois encore, plaçait le service public avant le monde des affaires, apparaissait toujours dans le tarif de capitation de 1695. La priorité relative de la robe avait été confirmée par les privilèges mêmes concédés à la noblesse de robe. Comment les magistrats bourgeois d'une compagnie judiciaire (Parlement ou Cour des aides) n'auraient-ils pas été « ennoblis » – à défaut d'être anoblis* – par les privilèges éminents, voire excessifs, concédés à certains de leurs collègues ? Ainsi peut-on comprendre les privilèges des bourgeois de robe, et leur place officielle. Le lieutenant criminel du Châtelet était en VIe classe, tout comme les lieutenants* généraux des armées ; le lieutenant général de la table de marbre du Palais était en VIIIe classe, tout comme les maréchaux de camp ; le commis d'un greffier du Conseil était en IXe classe, suivant de peu les brigadiers des armées de Sa Majesté, et précédant aussi bien les colonels que les « gentilshommes seigneurs de paroisse » (classe X).

Ces honneurs accordés à la robe diminuaient alors quelque peu l'importance de la bourgeoisie marchande. Il y avait belle lurette que le maire de Paris, le « prévôt* des marchands », était tout sauf un marchand, tout sauf un bourgeois. Si les bourgeois de finance étaient bien placés (payeurs des rentes, receveurs des amendes en VIIe classe ; premier commis des revenus casuels en VIIIe), les animateurs de l'économie concurrentielle ne venaient qu'ensuite. Le tarif de capitation avait négligé les grands manufacturiers. Il ne mettait les banquiers et agents de change qu'en X^e^ classe, les négociants (« marchands faisant commerce en gros ») qu'en XIe, les « gros marchands tenant boutique » qu'en XVIe classe.

Vivre de ses rentes aurait pu sembler le grand chic. N'était-ce pas le mode d'existence de Monsieur Jourdain ? Mais Colbert était passé par là, et l'activité venait désormais avant toute caricature ou simulacre de « vie noble ». Il fallait donc attendre la XIIIe classe pour rencontrer « les bourgeois des grosses villes vivant de leurs rentes », la XVe classe pour découvrir « les bourgeois des villes du second ordre vivant de leurs rentes », et même la XIXe pour être affronté aux « bourgeois des petites villes vivant de leurs rentes ».

Le XVIIIe siècle va bientôt corriger ces paradoxes, mais il est assuré que les bourgeoisies avaient, dès la fin du règne de Louis XIV, conquis dans la société, sinon dans la Cité au sens politique du mot, une place de choix, place que le développement constant de l'instruction publique ne pouvait que consolider. Ceux qui seront appelés plus tard « capacités », et plus tard encore « les intellectuels », avaient d'ailleurs, grâce à la Cour et à son mécénat, grâce à l'accord fréquent entre la Cour (Versailles) et la Ville (Paris), une position supérieure à ce qu'il en pouvait apparaître dans les textes de 1695.

Car enfin, ici étaient sous-estimées les professions libérales. On devait attendre la XVIIe classe pour trouver les professeurs au collège de France (ou « lecteurs royaux »), qui curieusement suivaient au lieu de précéder les professeurs de droit (classe XVI) ; la XVIIe classe, pour rencontrer les médecins de Paris et les avocats en Parlement.

33. Paris et les provinces

Tocqueville, dans *L'Ancien Régime et la Révolution*, a intitulé tout un chapitre : « Comment la France était déjà, de tous les pays de l'Europe, celui où la capitale avait acquis le plus de prépondérance sur les provinces et absorbait le mieux tout l'empire. » Montesquieu disait de Paris qu'il était un dévoreur de provinces ; et le marquis de Mirabeau : « Les capitales sont nécessaires ; mais si la tête devient trop grosse, le corps devient apoplectique et tout périt. » Avec ses 650 000 habitants en 1789, Paris demeurait moins peuplé que Londres, mais le royaume de France était bien plus « centralisé » que le Royaume-Uni.

Sans parler du gouvernement – largement établi à Versailles depuis Louis XIV mais surtout depuis le milieu du XVIIIe siècle –, Paris était le siège des commissions du Conseil*, de la ferme générale, du bureau des parties casuelles, des grandes académies (française, des inscriptions, des sciences, de peinture et sculpture, d'architecture) et des moins grandes (académie royale de chirurgie, académie royale d'équitation), des agents généraux et du receveur général du Clergé, la résidence des ambassadeurs et ministres étrangers, le siège de la manufacture des Gobelins, de la bibliothèque du Roi, de l'imprimerie royale, du collège des Quatre-Nations, etc.

Paris était aussi, depuis le temps du P. Mersenne (1626), la capitale de la « République des Lettres », le carrefour de l'Europe savante, comme il le fut bientôt de l'Europe artistique, « l'Europe française au siècle des Lumières ». Il en résulta que la capitale de la France fut, au XVIIIe siècle, capitale de la « philosophie » et des idées « nouvelles » et capitale *in partibus*, si l'on ose dire, du despotisme éclairé.

Cette réalité tournait quelque peu la tête au Parisien, lequel regardait de haut l'ensemble des provinciaux. « J'aime Paris, écrivait sans ironie Montesquieu, parce que tout le monde y est grand. » Déjà, au XVIIe siècle, Scarron et Molière, La Bruyère et Furetière, terriblement parisiens, affectaient d'ignorer la province ou de la peupler de personnages aussi ridicules que M. de Pourceaugnac ou que la comtesse d'Escarbagnas. Les gens de la capitale reprochaient aux provinciaux d'utiliser « un jargon différent de la langue des honnêtes gens » (Furetière). Tout cela était préjugé, et préjugé répétitif.

En effet, depuis Louis XIV, la province française ne cessait de se déniaiser, tant il est vrai que la Révolution ne réussira ni à Paris, qui usa trop de la guillotine ; ni aux provinces, qui se recroquevillèrent sur elles-mêmes. Balzac décrit, au temps de Louis-Philippe, une province plus assoupie, plus rétrograde que celle qu'il aurait pu connaître sous Louis XVI.

Depuis que Louvois avait assumé la surintendance des postes, les communications avaient atténué le décalage Paris-province. Madame de Grignan recevait, à Aix-en-Provence, des lettres de Mme de Sévigné écrites à Paris cinq ou six jours avant. Bussy-Rabutin, en son exil de Bourgogne, suivait, presque sans retard, l'actualité parisienne, politique et littéraire. Le va-et-vient des gouverneurs de province et de leurs lieutenants généraux, des évêques (à quelque chose non-résidence est bonne), des financiers en mission, des inspecteurs de l'armée, avait, dès le règne de Louis XIV, tenu la province en haleine. Même les néologismes atteignaient sans retard les régions reculées « par le commerce des honnêtes gens de province qui vont à Paris presque tous les ans et qui en rapportent toutes les nouveautés » (Bouhours).

Au XVIIIe siècle, dès la fin du règne de Louis XIV, les grandes villes de France étaient devenues de petites capitales ; les unes par le cumul des institutions (parlement, chambre des comptes, bureau des finances, présidial, maîtrise des eaux et forêts, élection, etc., sans parler des évêchés, de l'université, des collèges) ; d'autres grâce à leur vie sociale et à leur activité intellectuelle ; les autres, enfin, grâce à une intense vie économique.

La paix durable a favorisé ce dynamisme. Paix extérieure : nous avons vu que le territoire national est demeuré inviolé durant quatre-vingts ans (1712-1792) – alors qu'il subira quatre invasions en moins d'un quart de siècle, entre 1792 et 1815. Paix intérieure : rien de grave n'est survenu entre la fin du soulèvement huguenot des Camisards (1702-1705) et la « grande peur » de juillet 1789 ; car on ne doit pas confondre avec des révoltes les « émotions » du XVIIIe siècle.

34. Le peuple des campagnes

Ce calme de la province française correspondit avec (ou à) la réussite de la monarchie absolue et administrative. On l'eût en vain cherché dans la première moitié du XVIIe siècle. Richelieu, pour préparer et soutenir la guerre contre l'Espagne, avait, en l'espace de quelques années, fait tripler ou même quadrupler le montant de la taille. Il s'en était suivi nombre de révoltes paysannes, celles des *croquants* (1624-1637), celle des *nu-pieds* de Normandie (1639). La révolte dite du *papier timbré* en Bretagne (1675) fut la dernière de ce type. Les paysans français – ils représentaient 80 pour 100 de la population – s'étaient habitués *nolens volens* à l'impôt royal, bien qu'il s'additionnât aux redevances seigneuriales. Ils avaient su gré au Roi de rétablir, après la Fronde, la paix et la sécurité, rien n'étant plus funeste aux ruraux que la guerre et le pillage des troupes. Ils savaient gré aux intendants de protéger leurs « communautés d'habitants », ces petites démocraties rurales qui avaient l'inconvénient de faciliter la répartition et le paiement de la taille, mais avaient l'avantage d'assurer aux paysans une représentation et de les défendre contre les empiétements des seigneurs. Communautés d'habitants et assemblées de paroisse, par leur existence même, consolaient lc peuple des campagnes du poids des redevances et de l'incertitude des récoltes.

La condition paysanne ne se doit point juger d'après le seul cas des zones déshéritées, comme la Marche, l'Auvergne ou le Forez. Au XVIIIe siècle, la propriété rurale – quand elle n'eût été que parcellaire – progresse considérablement. L'enrichissement, pour limité qu'il nous semble, est un fait général, même si l'on observe une migration vers les villes, et si trop d'errants et de mendiants parcourent les chemins au temps de Louis XVI. On voit le nord de l'Alsace pratiquer le drainage des marécages, multiplier les prairies artificielles, lutter avec succès contre la jachère, augmenter sa production de tabac et de pommes de terre, cultiver les graines oléagineuses, développer l'élevage bovin. On voit l'est de la Provence s'enrichir par la vente en progrès de son huile d'olive.

Les maisons sont embellies, reconstruites souvent en pierre. A Sivry en Champagne, Goethe, qui a son billet de logement en 1792, décrit une maison rustique remarquable à ses yeux par sa propreté, l'éclairage des pièces, la « sage architectonique » de son mobilier. Un peu dans toutes les régions les inventaires marquent le progrès des meubles campagnards. Les menuisiers de village ne chôment pas : ils fabriquent des dressoirs, des maies, des huches et des coffres. La grande armoire à deux portes, l'armoire dite normande, cesse d'être un luxe.

Certes il existe de grandes différences entre le coq de paroisse, qui joue les bourgeois et pratiquerait volontiers l'usure, et le journalier ne payant qu'un franc annuel de capitation. Le village a sa hiérarchie, sa bourgeoisie rurale de petits rentiers et d'artisans (charron, maréchal-ferrant), ses fermiers ou métayers, ses manouvriers plus ou moins propriétaires de petites parcelles, sans parler de ceux qui ne vivent que de la charité du curé ou du seigneur. Mais la propriété paysanne progresse, et c'est le plus important. S'il n'y avait pas eu de réaction seigneuriale, si les droits seigneuriaux avaient continué de voir se relativiser leur importance, la France aurait pu passer lentement au régime de la propriété moderne – celui du Code civil – en s'épargnant bien des ruines.

TROISIÈME PARTIE

DU LOYALISME À LA RÉVOLTE

Au milieu du XVIIIe siècle une lézarde apparaît dans l'édifice du régime. Même l'armée, depuis Louis XIV creuset des fidélités, est atteinte ; ce qui est un indice grave, car sans patriotisme point d'armée solide, et sans armée solide pas de vrai patriotisme. Dans son *Journal* (1776), l'abbé de Véri – né en 1724 – écrivait : « J'ai vu dans ma jeunesse que le mot *Roi* faisait sur les vieux militaires l'impression que fait le mot *Dieu* sur les cœurs les plus religieux. » Les soldats d'alors, à l'instar de ceux du Grand Roi, se précipitaient « à l'aveugle dans les dangers, avec une sorte de satisfaction » ; tandis que présentement, continuait Véri, « le soldat veut juger l'intention du Roi ». La philosophie avait déjà terni l'image du monarque ; l'utilitarisme avait quelque peu estompé le loyalisme ; l'état militaire – soutien de la monarchie – était devenu « plutôt un moyen de subsistance qu'un moyen d'illustration ». La guerre de sept ans (1756-1763), il est vrai, était passée par là, avec ses défaites. Il faudra les succès de la guerre d'Amérique (1778-1783) pour réveiller le patriotisme dans le royaume.

35. « Ah ! si le Roi savait !... »

Quand débuta la Révolution, au printemps de 1789, Louis XVI était toujours chéri et respecté. Dans le récit de ses voyages sur le continent, l'Anglais Arthur Young avait noté que les Français « aimaient leur Roi à la folie ». Même les officiers revenus d'Amérique étaient en général éloignés de la tentation républicaine. L'idée démocratique était presque aussi redoutée qu'au XVIIe siècle (Furetière avait écrit : « Le gouvernement populaire est le pire de tous les gouvernements » ; Voltaire avait renchéri : « Quand la populace se mêle de raisonner, tout est perdu »). Elle ne pouvait toucher que quelques protestants, quelques intellectuels, quelques abstracteurs membres de sociétés de pensée. L'immense majorité de la population, paysans et humbles gens en tête, restait fidèle au Roi.

Dans les cahiers de doléances rédigés en vue des états généraux de 1789, cahiers qui multiplient – c'est le jeu – plaintes et revendications, il est un élément essentiel : la France... est « demeurée religieusement monarchique » (E. Champion). Ici les rédacteurs de cahiers du tiers état – les seuls assez spontanés – nomment le Roi « notre père » ; là ils évoquent ses « bontés paternelles », son « sein paternel », sa sagesse et son esprit de justice, ses « vues bienfaisantes », sa *« personne sacrée »*.

On n'impute à Sa Majesté ni le poids des impôts et leur inégale répartition, ni les criantes inégalités sociales, ni le despotisme ministériel ; on lui demande respectueusement de protéger son peuple et de bien vouloir entreprendre des réformes pour améliorer sa condition et faire régner l'égalité. C'est là l'essentiel. Les Français veulent l'égalité. Ils ne supportent plus le spectacle des privilèges.

Toutefois le grand défoulement collectif des Cahiers a respecté la royauté, confirmé le chaleureux loyalisme de la France profonde : « Les députés témoigneront au Roi combien ses fidèles sujets du tiers état sont pénétrés d'amour, d'admiration et de reconnaissance pour sa personne, sa sagesse et sa bonté » (Rochetaillée, en Forez) ; « L'amour pour leur prince, qui a toujours régné dans leurs cœurs, s'augmente de plus en plus aujourd'hui par leur reconnaissance la plus vive de la bonté qu'a eue notre monarque de connaître, par l'assemblée des états généraux qu'elle a convoquée, tous les maux qui depuis longtemps existent dans son royaume » (La Bouteresse, près Boën) ; « Que tous vos sujets, Sire, deviennent vraiment français par le gouvernement, comme ils le sont par l'amour qu'ils portent à leur Roi » (Vicherey, évêché de Toul).

Plus que jamais – c'est la dernière fois, mais nulle supplique collective n'eut, et pour cause, pareille ampleur –, plus que jamais les sujets pensent et disent : « Ah ! si le Roi savait !... »

36. « Oh ! si le Roi pouvait !... »

Le peuple de France mettait sa confiance en Louis XVI. On se répétait le mot d'un ouvrier au Roi en 1775 : « Sire, il n'y a que vous et M. Turgot pour aimer le peuple. » La bonté et la bienfaisance du jeune monarque étaient encore porteuses d'espoir. Et pourtant la grande, l'unique réforme qui eût sauvé le régime, l'instauration de l'égalité, n'aurait pas eu besoin de tant de bonté, mais de clairvoyance et surtout d'énergie.

Les livres et manuels d'histoire des XVIIe et XVIIIe siècles, qui trouvaient le moyen à la fois de former l'élite et de refléter les sentiments populaires, montrent assez que le peuple attendait du souverain qu'il gouvernât, qu'il imposât son autorité (cette autorité n'avait-elle pas, en général, été exercée contre les grands et pour le peuple ?). « Les peuples se serrent avec reconnaissance autour des éducateurs qui les élèvent au-dessus d'eux-mêmes » (Ernest Denis).

Dans l'historiographie française du siècle des Lumières, les mauvais Rois sont les princes faibles (Louis le Débonnaire, Charles II le Chauve, Charles III le Simple, etc.) ; les bons Rois sont les souverains énergiques (Charlemagne, Philippe Auguste, saint Louis, Charles V, Louis XII, François Ier, Henri IV et Louis XIV). En Louis XIV, à qui l'on reproche trop d'ambition et d'amour de la guerre, on admire l'homme – sa valeur, son courage, sa grandeur d'âme, son application aux affaires, etc. –, le conquérant heureux – qui laisse la France beaucoup plus grande qu'il ne l'avait trouvée –, le monarque prestigieux et obéi, assurant à ses peuples l'ordre et la sûreté, enfin le protecteur des lettres, des arts et de l'industrie. Tout cela marqué par un esprit de fermeté. Le « meilleur des Rois », dans l'opinion du XVIIIe siècle, est cependant le Navarrais. Henri IV est « le souverain héroïque et prudent, pacificateur et ferme, juste et bon, soucieux de la prospérité et du bonheur de son peuple comme de la puissance de son royaume » (B. Grosperrin) ; bref un véritable despote éclairé avant la lettre.

La mise en forme par les historiens du sentiment général nous est précieuse, et elle a le mérite complémentaire de rappeler « l'importance de l'assentiment populaire dans le gouvernement monarchique. Le peuple est volontiers considéré comme ignorant ou versatile, mais il juge en dernier ressort et constitue en définitive le tribunal des rois ». Après les espoirs du printemps 1789, après quelques mois de faiblesses et d'erreurs, Louis XVI sera « abandonné par l'opinion parce que sa personne ne répond pas à l'image que la littérature historique a donnée du *bon Roi :* il encourt le reproche de n'avoir pas gouverné » (J. Meyer).

37. Le Roi et ses peuples

Ce n'est point un hasard si la fidélité du peuple apparut surtout au temps des règnes forts. On le vit dès Philippe Auguste : l'annonce de la victoire de Bouvines (1214) provoqua un tel « mouvement d'enthousiasme populaire » (Luchaire), une si grande liesse, qu'on y pourra lire ensuite la « naissance d'une nation ». Le sentiment national cessait d'être le privilège des poètes, du Roi et de sa chevalerie. Toutes choses égales, la victoire de Henri IV sur les Espagnols à Fontaine-Française (5 juin 1595) secoua vraiment « le pays tout entier. Jamais, ni pour Arques, ni pour Ivry, ni pour Paris, l'enthousiasme n'avait été aussi grand, aussi général et collectif » (J.-P. Babelon). Une véritable « union sacrée » achevait, mieux encore que le sacre du Roi, d'effacer les haines des guerres de religion.

Mais c'est sans doute en 1709 que le royaume de France vit le mieux se mêler loyalisme et patriotisme. L'année avait débuté par un froid atroce, un « grand hiver » meurtrier. Les mesures énergiques prises par le vieux Roi pour mieux acheminer les blés et réduire la spéculation s'étaient révélées insuffisantes, mais les Français étaient informés de cet effort, et l'on cria dans les rues de Paris : « Vive le Roi et du pain ! » ; car les malheurs du temps avaient rapproché Louis XIV de ses peuples.

La guerre de succession d'Espagne durait depuis 1702. Le Roi, compatissant à la souffrance des Français, en était arrivé à accepter presque toutes les conditions de paix qu'exigeait de lui la Hollande : abandon de Philippe V (le petit-fils de Louis XIV, chassé d'Espagne, n'aurait conservé que Naples et la Sicile), perte de la basse Alsace, de Dunkerque, de Tournai, de Maubeuge, de Toul et de Verdun. Les diplomates de Sa Majesté avaient même admis la restitution de Strasbourg à l'Empire ; ils ne luttaient plus que pour conserver Lille.

Or, au lieu de s'en tenir à ces concessions « inouïes », les députés des Provinces-Unies multiplièrent alors les exigences. Écartelé entre plusieurs devoirs – celui de ne point accabler ses sujets, et celui de maintenir l'honneur du royaume –, le Roi choisit d'en appeler aux Français. Lui qui ne devait de comptes qu'à Dieu, il décida d'associer à la politique ses fidèles sujets. En résulta le célèbre appel du douze juin (1709), relayé par les gouverneurs de province, les intendants, les évêques et les curés.

Le Roi, désolé de voir disparaître « l'espérance d'une paix prochaine », croyait devoir à la fidélité de ses peuples « la consolation de les informer des raisons » empêchant la fin de la guerre. Après avoir énuméré les terribles exigences des ennemis, Louis XIV écrivait : « Je passe sous silence les insinuations qu'ils m'ont faites de joindre mes forces à celles de la ligue, et de contraindre le roi mon petit-fils à descendre du trône… Il est contre l'humanité de croire qu'ils aient seulement eu la pensée de m'engager à former avec eux une pareille alliance. Mais, *quoique ma tendresse pour mes peuples ne soit pas moins vive que celle que j'ai pour mes propres enfants*, quoique je partage tous les maux que la guerre fait souffrir à *des sujets aussi fidèles*, et que j'aie fait voir à toute l'Europe que je désirais sincèrement de les faire jouir de la paix, je suis persuadé qu'*ils s'opposeraient eux-mêmes à la recevoir à des conditions également contraires à la justice et à l'honneur du nom français.* »

Cet émouvant appel à la solidarité du trône et du peuple eut un effet immédiat. Sur tous les fronts de guerre, de la Catalogne au Rhin et de la Flandre au Dauphiné, officiers et soldats se ressaisissaient et la rude bataille de Malplaquet (11 septembre) faillit voir la défaite de l'invincible Marlborough. L'espoir renaissait, et l'on sait qu'à terme le trône de Philippe V fut sauvé ; Dunkerque, Lille et Strasbourg conservés.

Si l'on rapproche les uns des autres ces trois exemples, il appert que l'élan national se manifesta, non seulement en période de guerre, mais pour marquer la solidarité du peuple et des soldats envers un souverain guerrier. Louis XIV, certes, ne se montrait plus aux armées depuis 1693, mais il avait fait ses premières armes en 1650, quarante-trois ans auparavant. D'ailleurs soldats et civils avaient pu observer ce fait unique dans l'histoire européenne : au cours de la guerre de la ligue d'Augsbourg (1689-1698), tous les Bourbons en âge de combattre s'étaient exposés au front.

Louis XV aurait-il réédité, au cours de la guerre de sept ans, son courageux engagement de Fontenoy (1745), le sort des armes eût peut-être mieux favorisé la France et l'ancien régime eût peut-être gagné un long sursis. Il fallait si peu de choses pour encourager et développer le loyalisme des sujets de Sa Majesté. Ainsi, dans l'Ouest, « quand on leur avait dit : *Le Roi fait cas des Bretons*, cela leur suffisait » (E. Renan).

38. Un Roi plus ou moins accessible

Si l'image de saint Louis rendant la justice sous un chêne à Vincennes se perpétua jusqu'à devenir un des grands mythes nationaux, il faut moins y voir le symbole du souverain justicier que celui d'un monarque accessible. Le caractère à la fois paternel et religieux de la royauté française exigeait de tels signes.

L'usage des placets – également conservé à Vienne à la cour des Habsbourg – faisait partie de cette tradition. Louis XIV le rappela dans ses *Mémoires*, et il existait au château de Versailles une table où M. de Louvois relevait journellement les suppliques ou requêtes directement adressées au prince. Le peuple ne se contente pas du portrait de son Roi (la monnaie porte son effigie, de l'enfance à la vieillesse ; estampes et almanachs diffusent aussi l'image du monarque) ; il souhaite le voir et l'admirer. Louis XIV s'est un peu dérobé à lui, en s'installant à Versailles, mais les soldats l'ont approché, et les nombreux commensaux, et les habitants des zones frontières – de Dunkerque à Colmar – ; au reste, en ouvrant ses jardins au public et même ses grands appartements (trois jours par semaine), il s'est gêné lui-même par affection pour ses sujets. Si Paris ne le voit presque plus, il n'y a que demi-mal, tant son frère Monsieur et son fils Monseigneur sillonnent la capitale et remplacent le Roi.

Jusqu'à Louis XVI, la reine de France subit la rude contrainte d'accoucher en public. En 1778, à l'occasion de la naissance de Madame Royale, la vieille coutume consistant à « laisser entrer indistinctement tout ce qui se présentait au moment de l'accouchement des Reines fut observée avec une telle exagération que, à l'instant où l'accoucheur Vermond dit à haute voix : *La Reine va accoucher*, les flots de curieux qui se précipitèrent dans la chambre furent si nombreux et si tumultueux que ce mouvement pensa faire périr la Reine » (Mme Campan).

Le peuple, surtout celui de Paris, n'aimait rien tant que les entrées princières, les fêtes célébrant les grands événements survenus dans la famille royale, les défilés. Le souvenir de l'entrée solennelle à Paris de Louis XIV aux côtés de Marie-Thérèse d'Autriche, sa jeune épouse (26 août 1660), fut longtemps présent dans les mémoires. « Les rues étaient ornées de feuillages, de tapisseries et de tableaux ; et en divers endroits on avait élevé des arcs de triomphe avec des devises et des inscriptions… et il n'y eut aucun endroit, sur leur passage [de l'extrémité du faubourg Saint-Antoine jusques au palais du Louvre], où le peuple ne fît éclater par mille acclamations la joie qu'il ressentait dans une journée si heureuse » *(Histoire métallique du règne de Louis XIV).* La fête donnée par la Ville, le 30 mai 1770, place Louis XV (notre place de la Concorde), pour célébrer le mariage du Dauphin, futur Louis XVI, avec Marie-Antoinette, paraîtra, au contraire, avec le recul du temps, annonciatrice de grands malheurs : une terrible bousculade, une panique provoquée par un début d'incendie avaient fait de ce jour de liesse une journée de deuil. Plus de cent trente-deux personnes périrent étouffées.

Durant les cent cinquante dernières années de l'ancien régime, les Bourbons, même trop cantonnés en leur palais, ne cessèrent d'entretenir la solidarité entre royauté et population. Si Louis XIV avait envoyé à la fonte en 1689 le merveilleux mobilier d'argent de Versailles, c'était pour se montrer proche du peuple : si le Roi augmentait l'impôt en raison de l'effort de guerre, ses sujets devaient comprendre qu'il donnait lui-même l'exemple d'une austérité patriotique. Chaque victoire était annoncée et racontée au peuple. Le Roi, par lettres officielles, informait les évêques, les priant de faire chanter un *Te Deum* d'action de grâces. Les évêques répercutaient la demande de Sa Majesté, et tout cela se retrouvait, plus ou moins naïvement, au prône des messes de paroisse, le dimanche.

Mais le royaume ne faisait point qu'additionner les victoires. Pendant la guerre d'Espagne, il connut plusieurs défaites et l'invasion des provinces du Nord. Alors le Roi, toujours grâce au relais de l'Église, s'adressait encore à ses peuples. On leur demandait de prier pour les armes de Sa Majesté, pour la victoire et pour la paix. Parfois, à la requête du souverain, les prières publiques étaient accompagnées ou précédées de l'exposition du saint sacrement dans les églises et de cette « prière des quarante heures » à laquelle la dévotion de la contre-Réforme accordait le plus grand prix.

39. Un peuple demeuré pieux

Le XVIIIe siècle ne fut « siècle des Lumières » (les lumières, sous-entendu de la Raison) que pour une minorité intellectuelle et sociale. Si la majorité du peuple restait fortement royaliste, c'est parce qu'elle demeurait aussi et d'abord fortement catholique.

Si la France du XVIIe siècle, malgré sa foi et sa piété, avait beaucoup tardé à « recevoir » les prescriptions du concile de Trente (1545-1563), il ne faut pas oublier que la France du XVIIIe – comme l'Autriche de la même époque – vivait encore dans l'élan et selon la sensibilité de la contre-Réforme. Le clergé régulier était largement en crise (crise intellectuelle, diminution de la foi et corruption fréquente des mœurs), mais les jésuites (jusqu'à leur suppression en 1764) et les capucins étaient zélés et efficaces. Beaucoup d'évêques avaient perdu les vertus édifiantes de leurs prédécesseurs du Grand Siècle, mais le clergé paroissial, en dépit de tout, restait solide. Le peuple l'écoutait. Les curés et leurs ouailles, de Saint-Sulpice – la plus grande paroisse de la capitale – jusqu'au plus humble village, n'étaient pas, en 1780, bien différents de ce qu'ils avaient été en 1680. Les testaments des fidèles ne débordaient plus de dévotion et d'élans charitables, mais la religion continuait d'encadrer la vie des Français. Il n'y avait pas d'état « civil », car le baptême semblait toujours plus important que la naissance ; le mariage et la mort paraissant impensables en dehors du patronage et de l'autorité de l'Église. Les sacrements continuaient d'être respectés, même si plusieurs évêques trop mondains répugnaient à donner la confirmation. Les processions étaient suivies et populaires, surtout celle du vœu de Louis XIII (15 août) et celle de la fête-Dieu. Lorsque les Parisiens voyaient dans la rue un prêtre revêtu de ses ornements ecclésiastiques, accompagné de son enfant de chœur agitant une clochette, et se rendant apparemment au chevet d'un mourant, loin de ricaner, ils se découvraient, et beaucoup accompagnaient l'homme de Dieu jusque dans le logement ou la mansarde du moribond. Même ce mécréant de Sébastien Mercier s'y laissait entraîner à la veille de la Révolution !

Dans Strasbourg, conquis par Louis XIV en 1681, et dans son grand diocèse, la vie religieuse rappelait littéralement le souvenir des diocèses édifiants du XVIIe siècle. Il faut dire que la capitale de la basse Alsace avait été l'un des foyers de la Réforme ; ainsi la réforme catholique y fut, au XVIIIe siècle, d'abord une contre-Réforme* au sens textuel du mot. Si l'exemple alsacien paraît un cas limite, c'est aussi un cas symbolique. « Le christianisme du XVIIIe siècle n'a peut-être plus cette fraîcheur d'âme, ces élans mystiques et cette intelligence du monde spirituel… du siècle précédent… Il n'en conserve pas moins ces deux grandes qualités du catholicisme tridentin, la vertu de religion et le sens de la transcendance » (J. de Viguerie).

Non seulement cette religion, ancrée dans le peuple, est imperméable aux « lumières » (qu'adorent les grands seigneurs, les notaires, les avocats et les médecins), mais elle se complaît dans ce qui a été appelé une « dévotion amoureuse », une piété sensible ; aimant à entendre les hymnes eucharistiques, à participer aux « saluts du saint sacrement », à vénérer le sacré cœur de Jésus. « Il faudra attendre la persécution révolutionnaire et la remarquable résistance qui lui fut opposée, pour comprendre à quel point ce christianisme avait réussi » (Viguerie).

Si tous les milieux avaient été imprégnés de ce catholicisme sentimental, la Révolution, telle qu'elle se développa, eût été impensable ; tant il est vrai que la convocation des états généraux ne supposait nullement pareil bouleversement. La royauté bourbonienne aurait eu toutes raisons de survivre, surtout si l'on admet cette proposition de Chateaubriand : à la royauté de saint Louis il faut la religion de saint Louis.

40. La Révolution n'eut point pour cause la misère

Quatre siècles et demi et l'intelligence de Pierre Chaunu ont été nécessaires pour retrouver et comprendre le sens religieux du XVIe siècle. Réforme et contre-Réforme ne s'expliquent plus en fonction d'un simple déclin du catholicisme à l'automne du moyen âge, mais en recourant à l'analyse de plusieurs courants de dévotion et de spiritualité. Bref, Réforme et contre-Réforme n'évoquent plus un marécage, mais une crue, une époque de hautes eaux.

Les causes de la Révolution ont été, elles aussi, trop longtemps occultées. Plus de cent ans d'histoire jacobine ont persuadé les Français que Louis XIV était un tyran cruel, Louis XV un débauché incapable de bien exercer « le dur métier de Roi », Louis XVI un despote maladroit. L'« absolutisme » des Bourbons, s'ajoutant à l'inégalité sociale, aurait poussé le peuple au désespoir. Là-dessus, soixante ans d'histoire marxiste ou marxisante ont achevé de noircir la peinture sociale de l'ancienne France. Appuyés sur quelques phénomènes véridiques, comme la réaction nobiliaire ou la poussée bourgeoise, beaucoup d'historiens se sont attardés sur tout ce qui leur semblait négatif, à l'exclusion du reste, et surtout en oubliant de replacer la France du XVIIIe siècle dans l'Europe de son temps.

Et de s'attarder exagérément sur les conséquences fâcheuses du traité de commerce libre-échangiste franco-britannique de 1786*, en oubliant qu'il était fait de concessions mutuelles, et qu'une récession relative et temporaire n'engageait sans doute pas l'avenir d'un grand pays. Pendant vingt-cinq ou trente ans, chercheurs et étudiants furent priés de faire la liste des droits* seigneuriaux d'une terre, d'un canton, d'un bailliage, d'une province. On refit en somme le travail des rédacteurs de cahiers de doléances, pour tenter de prouver, chiffres à l'appui, que le paysan français n'avait jamais été si malheureux.

C'était observer chaque arbre à la loupe, en faisant abstraction de toute la forêt. C'était négliger les analyses lumineuses de Tocqueville. Dès 1856, l'auteur de *L'Ancien Régime et la Révolution* avait établi que si « les droits féodaux étaient devenus plus odieux au peuple en France que partout ailleurs », c'était tout simplement parce que la propriété de type moderne avait déjà fort entamé et s'apprêtait à détruire les séquelles de la féodalité. Les droits étaient parfois devenus dérisoires ; ils demeuraient nombreux ; ils irritaient non seulement par leur côté contraignant, mais encore et surtout peut-être en raison de leur caractère anachronique.

« La Révolution, dont l'objet propre était d'abolir partout les restes des institutions du moyen âge, n'a pas éclaté dans les contrées où ces institutions, mieux conservées, faisaient le plus sentir au peuple leur gêne et leur rigueur, mais, au contraire, dans celles où elles les faisaient sentir le moins ; de telle sorte que leur joug a paru le plus insupportable là où il était en réalité le moins lourd » (Tocqueville).

Cette idée que les révolutions sociales sont liées bien

davantage à des « prises de conscience » (comme disent les marxistes) qu'au poids concret de la misère, mériterait d'être plus souvent retenue et méditée. La révolution qui mit à bas de son trône le shah d'Iran eut pour point de départ une modernisation trop rapide du pays, et non quelque noire misère.

Si la pauvreté paysanne avait dû déclencher en Europe une révolution, pareil mouvement ne se pouvait concevoir en Angleterre, ni en France, ni en Hollande. La misère et la servitude, au contraire, régnaient tant au sud de l'Europe qu'à l'est de l'Elbe (un nouveau servage faisait même tache d'huile en Ukraine par la volonté de la tsarine « éclairée » Catherine II) : Russie, Prusse, Hongrie, Danemark, etc. Les paysans d'Espagne, du Portugal, de Savoie, des Deux-Siciles connaissaient une condition beaucoup plus précaire que celle de leurs voisins français. Mais dans tous ces pays on ignorait encore ce vent d'égalité qui avait saisi les Français et que la révolution française répandra bientôt sur l'Europe.

41. La Révolution fut un luxe de pays riche

La France de Louis XVI était globalement le pays le plus opulent de l'Europe et donc du monde, d'ailleurs possédant « le sentiment intime de ses forces et de sa richesse » (Mme Campan). L'étranger enviait la France ; les économistes venaient, comme Arthur Young, la visiter et la sonder. Quant aux politiques avisés, tout au plus regrettaient-ils le contraste frappant qui opposait cette réelle opulence à la mauvaise gestion de l'État.

L'impôt était plus léger en France qu'en Grande-Bretagne, mais beaucoup plus injustement réparti. L'endettement chronique de l'État, sans cesse augmenté par les intérêts de la dette publique, était devenu très inquiétant à la suite du coût de la guerre d'indépendance américaine. Mais ces faits – vrais et déterminants – ne sauraient nous faire oublier l'avance économique et la richesse de la France.

Le négoce maritime était florissant. Saint-Domingue faisait du royaume le premier producteur de sucre du monde. Nantes, Bordeaux, les ports de la façade atlantique, enrichis par la traite négrière et par le commerce colonial, excitaient à juste titre la jalousie des Anglais. Lyon, grande métropole industrielle, comptait en 1787 jusqu'à 135 000 habitants ; Paris, qui ne cessait depuis 1715 de s'agrandir et de s'embellir (églises Saint-Sulpice, Sainte-Geneviève et Saint-Philippe du Roule, place Louis XV, école militaire) et qui, à ses fonctions culturelle, administrative et commerciale, joignait depuis le milieu du siècle une fonction industrielle, approchait des 650 000 habitants.

A la fin de l'ancien régime la France est le second pays industriel du monde, et elle ne désespère point de combler le retard technique (machine à vapeur, machines du textile) qui la sépare encore de la Grande-Bretagne. La banlieue du Paris de Louis XVI est parsemée de manufactures modernes ; la plus célèbre est la grande fabrique de Javel, établie en 1777 sous le patronage du comte d'Artois (futur Charles X) « par des capitalistes qui s'intéressent aux progrès des arts et à l'accroissement du commerce du royaume ». Elle fournit à la France et aux pays étrangers une gamme étonnamment variée de produits chimiques.

On ne saurait parler encore, en 1788, de révolution industrielle, comparable à celle qui a débuté alors en Angleterre, mais, sans la Révolution – qui sur ce point est responsable d'un retard de cinquante ans –, c'est une révolution industrielle qui eût achevé de moderniser la France.

42. *La faute à Voltaire et la faute à Rousseau*

On connaît la rengaine populaire, à la Gavroche, par laquelle, sous la Restauration, était moquée l'analyse de la Révolution par les « ultras » : *Si nous voici par terre : / C'est la faute à Voltaire, / Les pieds dans le ruisseau / C'est la faute à Rousseau.* Ce raccourci ne manquait pas de profondeur : la déchristianisation (du moins celle des « élites ») a, en effet, étayé l'utopie. La chose semble si vraie qu'elle résume à merveille la thèse de Burke, selon qui la révolution française fut dangereuse – et même terroriste – parce que déclenchée par des athées et des abstracteurs. Tant il est vrai qu'il est impossible de nier la part des « origines intellectuelles » dans le mécanisme révolutionnaire français. De Taine à Robert Darnton, en passant par Daniel Mornet et par Roger Chartier, nombre d'historiens en ont montré l'importance.

Monsieur Taine a probablement trop isolé les Voltaire, les Montesquieu et les Rousseau, comme si les Français du XVIIIe siècle n'avaient eu que des lectures sérieuses. Nous savons aujourd'hui quelle place tenaient, à la veille de la Révolution, les almanachs à bon marché, les pamphlets vulgaires, les romans faciles et les livres pornographiques (Mirabeau concurrença le marquis de Sade). Mais il n'y a pas besoin d'avoir lu les ouvrages de Voltaire pour être voltairien ; le *Contrat social* (lecture aride, s'il en fut) pour se croire rousseauiste. Dès lors, le binôme Voltaire + Rousseau conserve sa valeur symbolique et méthodique.

Le XVIIIe siècle voit « le sacre de l'écrivain » (non celui des cinq cents folliculaires de 1788, mais celui des grands noms de la littérature), et ce dernier, plus indépendant qu'au Grand Siècle, honoré par les grands, flatté par les riches, confond volontiers sa profession avec une mission : propager les lumières, éclairer le monde. Même dans sa tragédie de *Mahomet*, Voltaire se permet des allusions politiques et des pointes contre la religion. Lévite des lumières, prêtre de la raison, l'homme de lettres est devenu par excellence « le philosophe ».

Cependant le philosophe sait être prudent ; le philosophe est rusé. L'exposé didactique et systématique (*L'Esprit des lois* de Montesquieu, le *Dictionnaire philosophique* de Voltaire, *Le Contrat social* de Rousseau) est presque exceptionnel. Les « idées nouvelles » se frayent un chemin à travers tous les genres, jouant de l'allusion, du sous-entendu, de l'ironie. Les *Contes* de Voltaire sont aussi subversifs que le *Contrat social*.

Le triomphe de pareille méthode, nous l'apercevons dans les grands dictionnaires philosophiques. Celui de Pierre Bayle (1695-1697) aligne des articles religieux aux conclusions orthodoxes ; ce sont les notes critiques qui sont tendancieuses. Ce procédé est couramment utilisé dans l'*Encyclopédie* (1751-1772) de Diderot et d'Alembert. Le tome premier semble un pacifique in-folio. Les articles de théologie sont l'œuvre d'un certain abbé Yvon qui ne s'est permis nulle audace (exemple : *Athée* ou *Athéisme*). Les pages dues à Diderot contiennent un apparent respect de la religion chrétienne. Les articles antireligieux se cachent dans des notes secondaires, derrière les termes qui attirent peu, comme le mot *Aigle*, ou comme *Aius Locutius*, le dieu romain bien ignoré de la parole ! Ces contradictions de l'*Encyclopédie*, que repéraient les bons observateurs (Voltaire dit de l'*Encyclopédie* que c'est une Babel) n'étaient point innocentes : il s'agissait de combattre avec subtilité les dogmes traditionnels.

43. Philosophie et politique

On trouve, dans la pensée « philosophique » des Lumières, unité et contradictions : unité, avec le souci de libération intellectuelle de l'individu, avec la confiance en la raison et dans le progrès ; contradictions, car la raison raisonnante se heurte à l'esprit expérimental (Voltaire préfère Newton à Descartes), l'ironie s'oppose au sentiment, le déisme ne conduit pas nécessairement au matérialisme. Mais la réconciliation des tendances opposées se fait parfois presque aussi nettement que dans l'*Encyclopédie :* les déistes de toutes nuances s'entendent, par exemple, sur la tolérance.

On assiste surtout à la cohabitation du sentiment et de la raison. Il n'y a pas un demi-siècle voltairien, suivi d'un demi-siècle à la Rousseau. Voltaire et Rousseau sont morts la même année (1778). Les deux sensibilités voisinaient bien souvent, se mêlaient, s'opposaient ou s'alliaient selon les circonstances.

On peut se demander quelle fut la portée de la « philosophie » parisienne du XVIIIe siècle. En Europe, on le sait, elle a fourni aux despotes éclairés (Frédéric II et Catherine II surtout) un vocabulaire et nombre d'alibis précieux. En France, sa portée varie selon que la « philosophie » du temps est vue par ses auteurs, par l'opinion ou par le pouvoir.

Pour les écrivains eux-mêmes, immense est le contraste entre leurs théories et les faits ; et ceux qui, tel l'abbé Raynal (1713-1796), vécurent jusqu'à la Révolution, se sont alors montrés aussi peu révolutionnaires que possible. Ne parlons pas de Condorcet (1743-1794), contraint au suicide pour échapper à l'échafaud. Les philosophes se grisaient de phrases, de paradoxes et d'excès, sacrifiant beaucoup au plaisir de faire un bon mot. On pourrait appliquer au « philosophe » ce que Voltaire disait de l'homme de science : « En Allemagne, en Angleterre, un physicien est un physicien ; en France, il veut encore être plaisant. »

C'est peut-être à ce caractère de jeu d'esprit, d'exercice rhétorique ou d'amusement de salon, que la philosophie du XVIIIe siècle dut d'avoir eu si peu d'apparente influence sur l'opinion générale.

Reste à envisager la position du pouvoir. Malgré la dureté de la législation en matière d'imprimerie et de presse, malgré les condamnations, les livres brûlés et les écrivains embastillés, le pouvoir ne prit jamais fort au sérieux les idées dites nouvelles. Malesherbes, directeur de la Librairie de 1750 à 1763, parut surtout préoccupé de protéger les philosophes. Il les mit en garde contre leurs propres excès ; il les avertit des mesures ordonnées à leur égard ; faute de mieux, il amortissait le coup. Bien plus, lorsque Fréron (1718-1776), le plus talentueux des adversaires de l'*Encyclopédie*, se trouva en mauvaise posture, M. de Malesherbes donna l'impression de le sacrifier.

C'est que le gouvernement, lui aussi, voyait dans le bouillonnement des idées ambiantes un jeu, destiné au divertissement des honnêtes gens. *Le Contrat social* n'encourut pas la sévérité qui avait frappé *L'Émile*, parce que les livres systématiques, décrivant des institutions abstraites et des cités idéales (on ne comptait plus alors les ouvrages d'utopie), « paraissaient d'autant plus inoffensifs qu'ils étaient plus éloignés de toute réalité ; il aurait pu être dangereux de critiquer les abus de la ferme* du sel ; mais il l'était fort peu de vanter le communisme » (Georges Sorel).

44. Le temps des salons

Le XVIIIe siècle français a été le temps des salons, surtout celui de ces fameux salons parisiens qui attirèrent comme un aimant l'élite européenne, et dont on ne sait qu'admirer le plus : leur rôle dans le développement de l'esprit public, ou leur contribution à une sociabilité extrême, capable d'être rangée parmi les beaux-arts.

Les salons des Lumières sont des sociétés vivant en marge de la Cour, et marquant le retour à Paris (la compagnie de la duchesse du Maine à Sceaux a servi de transition) de la plus vivante sociabilité mondaine et intellectuelle. La marquise de Lambert reçoit à l'hôtel de Nevers, de 1698 à sa mort en 1733. Se côtoyent chez elle des aristocrates, des écrivains (Fontenelle, Hénault, Marivaux, Montesquieu), des artistes (Rigaud, Watteau, Nattier). On y prépare les candidatures académiques.

Le relais est assuré par le salon de Mme de Tencin (1733-1749), moins académique, plus brillant, plus politique – mais politique au sens de l'intrigue de Cour – ; c'est un salon plus proche de l'actualité, moins strict quant à l'admission, à la tenue et aux propos. C'est le premier en date des cercles philosophiques. On y rencontre Montesquieu, le docteur Astruc, Duclos, Marmontel, Fontenelle, etc.

Vers 1740, les salons sont devenus nombreux. La riche Mme Geoffrin († 1777), protectrice des écrivains, reçoit rue Saint-Honoré les artistes le lundi (Boucher, Vernet, La Tour, Greuze), les gens de lettres le mercredi (l'omniprésent Montesquieu, Fontenelle, mais aussi Voltaire, Morellet, Grimm, d'Alembert et les encyclopédistes). Mais chez elle l'église philosophique est contrainte à la sagesse, car la maîtresse de maison veille sur la conversation : chez elle on ne doit parler « ni de Dieu, ni du Roi, ni de la ferme générale ». Grâce à cette retenue de bon ton, la société de la rue Saint-Honoré devient « une des premières institutions de l'Europe » (Sainte-Beuve).

Le salon de la marquise du Deffand (1747-1780), rue Saint-Dominique, est d'abord intellectuel et mondain. D'Alembert y règne, entouré du président Hénault, de Montesquieu et de Voltaire. Dans un deuxième temps, il s'assagit, Mme du Deffand s'étant fâchée avec les encyclopédistes.

Désormais le clan philosophique tient ses assises en des salons ouvertement critiques. Ni Dieu, ni le Roi ne sont épargnés chez Julie de Lespinasse (1764-1776), chez Mme Helvétius, chez le baron d'Holbach – où fréquentent Diderot, Marmontel et l'abbé Raynal –, ou chez Mme Necker, l'épouse du fameux Genevois, ministre et directeur général des finances. Leur fille, la future Mme de Staël, est depuis 1781 associée à la présidence de ce cercle engagé. Les économistes, les philosophes, le juriste milanais Beccaria hantent ce salon qui ressemble à une société de pensée.

45. L'âge d'or des sociétés de pensée

Les sociétés de pensée apparaissent en France dans la première moitié du XVIIIe siècle, se multiplient depuis 1750, foisonnent à compter de 1770. Du *Club de l'Entresol*, réunion économique et politique du début du siècle, à la *Société des amis des Noirs* à la veille de la Révolution, des centaines de ces sociétés – parfois éphémères – ont fleuri : loges maçonniques, clubs, sociétés littéraires, académies, sociétés d'agriculture, groupements multiformes rarement concurrents, acceptant la multiple appartenance. Dans un pays de censure, ces associations relayaient l'influence du livre, remplaçaient les partis politiques inexistants et les réunions publiques.

La société de pensée est un groupement libre, indépendant de la profession et de la condition sociale des adhérents. Ceux qui en font partie se proposent de réaliser l'idéal de Rousseau : la vraie démocratie serait-elle point une société de libres philosophes ? C'est un élément d'unité, comme l'était aussi le culte de la raison et la croyance dans le progrès humain.

A l'origine, les sociétés de pensée, ne prétendant pas agir sur le gouvernement et ne présentant aucun but politique concret, n'avaient pas de raison d'inquiéter le pouvoir. Ce n'était plus le cas à la fin du siècle. Dans les dix ans qui ont précédé 1789, du mouvement philosophique est issu un parti « national », animé par quelques sociétés actives et dépassant le stade de l'opinion et de la simple discussion interne. C'est le cas de la *Société des Trente* où se rencontrent La Fayette et Mirabeau, Condorcet, Le Peletier de Saint-Fargeau, tous nobles, mais aussi de grands bourgeois et des hommes de loi. Elle s'est composé une doctrine inspirée de Montesquieu, de Rousseau et… de Condorcet. Elle tire argument de la révolution américaine. L'exemple des *Insurgents* lui semble prouver que le stade des discussions est dépassé, et qu'une société de pensée peut passer à l'action ; ce qu'elle fait en réclamant vivement la réunion d'états généraux et en formant une large partie du futur personnel révolutionnaire. Voilà l'achèvement d'une évolution idéologique, mais c'est un achèvement tardif.

Au contraire, pour la majorité des sociétés de pensée, rares avaient été les prises de position concrètes. On s'était moins préoccupé de s'opposer à la politique présente, que de former des cadres intellectuels par la méthode rationaliste. Peu soucieuses d'action, ces sociétés avaient fonctionné avec prudence. Elles ne prétendaient point renverser le régime, mais détruire les préjugés de leurs membres. Peu enclines à la politique, elles avaient surtout œuvré dans le sens d'une mise en formule du philosophisme. Les sociétés de pensée étaient avant tout d'opinion, souhaitant « éclairer les citoyens », hâter « le progrès des Lumières », « intéresser les gens au bien public », former un esprit public, donner à cette opinion publique de l'importance ; nous dirions en langage moderne : intéresser les Français à la politique, mais en partant de la formation d'une élite intellectuelle.

Par le biais de discussions rationnelles, nombre de ces sociétés préparent l'initiation démocratique de leurs membres. Il n'est pas question d'y faire entrer des humbles, « mais la noblesse et la bourgeoisie y sont vraiment sur le même pied » (D. Mornet). Vers 1780 c'est un fait acquis. S'il ne s'agit ici que de démocratie bourgeoise, l'éducation démocratique des adhérents est un souci constant. Les structures du groupement, son organisation y contribuent. *A la base règne entre les membres une parfaite égalité.* C'est là une nouveauté, qui paraît scandaleuse aux réactionnaires. C'est une conquête sociale de base. La société de pensée est le seul endroit où nobles et bourgeois sont tout à fait sur le même plan ; ce qui n'existe ni dans certains salons, ni à la Cour, ni à la Ville, ni dans les états provinciaux, ni dans l'armée, ni dans l'administration, ni dans les cours de justice, ni dans les confréries, ni dans les chapitres, ni dans les paroisses.

Les méthodes de la société de pensée sont aussi des méthodes démocratiques. Si l'on y compte cinquante membres, ce sont cinquante citoyens (qui ne sont plus des sujets comme les autres Français), citoyens égaux avec droits et devoirs ; et ces citoyens s'entraînent au vote. C'est la démocratie idéale. En fait, cinq ou six membres assidus et motivés donnent le ton aux cinquante, préparent les motions, les présentent au scrutin général quand il convient : la démocratie idéale s'est vite muée en démocratie concrète.

46. La part des loges

La franc-maçonnerie est alors la société de pensée par excellence. Elle l'est par ses principes, ses méthodes, son développement et son succès. Non seulement ses principes sont en harmonie avec les idées nouvelles – on pense surtout au déisme –, mais les principaux écrivains du siècle ont été liés à la maçonnerie. Si Voltaire n'a eu que des relations tardives avec l'ordre, Montesquieu fut un maçon de marque.

On trouve à Paris cinq ou six loges en 1737 ; on en rencontre vingt-deux dès 1743. En 1767 le gouvernement met l'interdit sur la grande loge de France, et il faut attendre 1773, date de l'installation du Grand Orient, pour que le mouvement maçon connaisse un nouvel essor. En 1789, le royaume compte environ sept cents loges.

Depuis 1773 il y a de plus en plus de grands seigneurs (de la Cour, de l'épée et de la magistrature) dans les loges, alors qu'elles avaient commencé dans les milieux bourgeois. En 1774, le Grand Orient admet les « loges d'adoption » réservées aux femmes.

Le rôle de la franc-maçonnerie au XVIIIe siècle a été fort discuté. Les *Mémoires pour servir à l'histoire du jacobinisme* (1797) de l'abbé Barruel voyaient dans la Révolution le résultat d'un complot maçonnique antireligieux et anti-royal. Curieusement étaient dénoncés, comme agents subversifs, un royaliste, Voltaire, et un roi, Frédéric II. Personne ne soutient plus cette thèse extrême. Au reste, si la franc-maçonnerie a été, dès le XVIIIe siècle, condamnée à deux reprises par la papauté, elle n'était pas antireligieuse. Joseph de Maistre a été maçon.

Si nous éliminons la fausse thèse du complot, quelques points demeurent. Il est sûr que, par cumul, nombre de maçons figurèrent non seulement dans une loge, mais dans une ou plusieurs autres sociétés de pensée, ainsi que dans les clubs politiques de la fin de l'ancien régime. De part et d'autre, ils entendaient parler ou ils parlaient eux-mêmes de liberté, de progrès, d'égalité et de fraternité, de développement des sciences et de libération de la pensée. De part et d'autre, on était volontiers déiste. De part et d'autre, on avait fini par réclamer des réformes politiques. Que les loges aient ajouté à cela des rites, un mystère et le brassage social des initiés, il n'importe. Société de pensée en même temps que force sociale, la franc-maçonnerie ne se distinguait guère des sociétés académiques, littéraires ou patriotiques de la seconde moitié du XVIIIe siècle. Beaucoup de Français étaient maçons, comme de nos jours ils se seraient fait recevoir au *Lion's* ou au *Rotary*.

Cela dit, les loges ont accueilli avec faveur l'évolution des idées et la tournure des événements en 1789. Enfin, sur certains points précis, en particulier dans le comportement de la société militaire en 1789, l'action maçonnique a sûrement joué – fût-ce inconsciemment – un rôle non négligeable. Les loges militaires s'étaient multipliées durant la seconde moitié du siècle. Elles étaient ouvertes aux officiers ou soldats de tout grade, et il n'était pas rare de voir les dignités maçonniques être en contradiction avec la hiérarchie de l'armée. Ainsi un régiment, dont la loge avait pour principal dignitaire un lieutenant, ne pouvait-il, en cas de crise, obéir aussi bien à son colonel, qu'il l'eût fait habituellement. Si l'on songe à la carence de la force armée lors des premiers événements révolutionnaires, on comprendra l'importance de ce noyautage par les loges.

47. L'occasion favorable

Si la sensibilité française semblait à deux étages dans la seconde moitié du XVIIIe siècle, la partie instruite étant plus ou moins imprégnée par le philosophisme, la portion la plus humble demeurant catholique et loyale envers le régime, la crise aux aspects multiples des années quatre-vingt fit entrer en contact les deux groupes en cause. En changeant de milieu, les idées souvent changent de sens. De même qu'elles avaient changé en passant des salons plus aristocratiques aux sociétés de pensée plus bourgeoises, voici qu'elles atteignent maintenant des couches sociales de plus en plus larges. A la veille de 1789, on assiste à une vulgarisation parfois grinçante de la pensée bourgeoise. Il en résulte un changement de sens, encore plus accusé, des idées philosophiques. « C'est que la littérature avait passé d'une classe à une autre et était descendue d'une oligarchie dans les masses populaires. En général, le peuple ne comprend rien à toutes les finasseries littéraires. Quand on lui parle de fabriquer *avec les entrailles du prêtre un cordon pour le dernier des rois*, il comprend que Diderot a voulu apprendre aux gens éclairés la nécessité d'étriper les curés et d'étrangler les souverains, pour pouvoir assurer le bonheur des hommes » (G. Sorel). Même si les idées n'ont point engendré la Révolution, elles ont prétendu lui donner un sens, tant à l'âge enthousiaste et utopique de 1789, que pour justifier la Terreur.

En attendant, le public se repaît de libelles, de brochures et d'estampes désacralisant, caricaturant et déshonorant la royauté. C'est alors que s'intensifient les calomnies contre Louis XV – transformant en harem oriental le pavillon où le Roi logeait ses maîtresses occasionnelles – et ses favorites (Mme de Pompadour et Mme du Barry), puis contre Marie-Antoinette. La Reine devint bientôt « l'Autrichienne », celle qui complotait avec Vienne contre le royaume, celle qui trompait le Roi avec M. de Fersen (il n'en existe pas la moindre preuve), celle qui ruinait la France par ses caprices coûteux (le « hameau » de Trianon coûta moins que telle « fabrique » édifiée en un parc de financier), celle qui aurait encouragé Louis XVI à sans cesse allonger la liste des grands pensionnés de la Cour (jamais la Cour, maison du Roi, dépenses des Bâtiments et pensions additionnées, n'atteignit six pour cent des dépenses publiques).

A force de voir un homme en soutane et un noble seigneur écrasant de leurs fins talons un pauvre paysan symbolisant le Tiers, nombre d'humbles sujets du Roi finirent par se croire systématiquement humiliés et ruinés ; oubliant ou ignorant que les prétentions du tiers état étaient avant tout des revendications bourgeoises.

Une classe moyenne de bourgeois avisés – notables de petites villes, robins et avocats sans causes, médecins ou chirurgiens de province –, classe située au carrefour des sociétés de pensée et des clubs, classe abondamment représentée parmi les députés aux états généraux, sut à merveille ici appuyer sur la chanterelle. C'est dans cette même classe que se recrutèrent les habiles qui orchestrèrent les préparatifs de la Révolution en 1788 et 1789. Ils étaient censés représenter les vœux d'une ville ou d'une province ; or ils tinrent même langage, ils rédigèrent ou diffusèrent les mêmes schémas de doléances. Ils demandèrent presque ensemble le doublement du Tiers, la convocation prématurée des États. Ils contrôlèrent les cahiers de bailliage, usant du même plan et des mêmes termes. Ils constituèrent la liaison entre le philosophisme pré-révolutionnaire et la Révolution.

48. Réformes et réformite

« Les temps fâcheux, écrivait Saint-Simon, sont toujours ceux des innovations et des entreprises. » Voilà une affirmation sentant bien son ancien régime. Mais l'apparent conservatisme du gouvernement royal (« Les coutumes les plus absurdes, écrira Chamfort, ...sont en France... sous la protection de ce mot : *C'est l'usage* ») n'interdit point à Louis XIV d'innover souvent et assez fort. On le vit réformer et structurer le Conseil, créer la direction générale des fortifications, imposer à Paris le lieutenant général de police, diminuer le pouvoir du Parlement, organiser la ferme des impôts, supprimer la vénalité dans la marine de guerre, codifier les principales lois, faire payer l'impôt direct aux nobles et autres privilégiés, etc. Tout cela se fit sans heurts, d'abord en raison du prestige et de l'autorité du prince, ensuite parce que ce prince eut la sagesse de laisser se désagréger les institutions anachroniques au lieu de les violenter, enfin parce que Louis sut conserver l'essentiel des coutumes et des usages. D'ailleurs aucune des réformes du règne ne ressembla à un caprice. Presque tout avait été conçu, exécuté et contrôlé grâce à la complicité profonde qui unissait le souverain et des ministres tels que Colbert, Louvois ou Pontchartrain, compétents et installés pour longtemps.

Par comparaison, le règne de Louis XV a pu sembler presque figé. Ce n'est qu'apparence. Bien sûr, Louis XV eut tort de ne pas renoncer à Versailles et même d'y transférer l'essentiel du gouvernement ; bien sûr, il conserva pieusement toute une part de l'héritage visible, comme le cérémonial de la Cour ; bien sûr, il mit cinquante-sept ans (1723-1771) à trouver une parade au harcèlement parlementaire, alors que son bisaïeul n'avait mis que douze ans (1661-1673). Mais il serait injuste d'oublier les réformes assez notables que le Bien-Aimé réalisa ou voulut à bon escient tenter.

On peut citer l'organisation définitive de la ferme générale et la fixation de la valeur du franc (ou livre tournois) en 1726, le perfectionnement des divers droits grâce au chancelier d'Aguesseau, la poursuite par Choiseul (1758-1770) des réformes militaires de Louvois (suppression de la vénalité des places de capitaine), etc. Hélas, un des plus intéressants projets de Louis XV, la généralisation de l'impôt du vingtième (1749), qui eût presque réalisé l'égalité fiscale en France, se heurta à l'opposition des privilégiés. La Cour, les grands, le Clergé, le Parlement, les états provinciaux se liguèrent contre cette réforme, conçue par l'honnête M. de Machault, contrôleur général ; et le Roi commit l'erreur de dénaturer le projet et d'écarter un grand ministre.

Comme par hasard le temps des réformes réussies ou raisonnables avait coïncidé avec de longs règnes et de longs ministères : Le Tellier, son fils Louvois et son petit-fils Barbezieux – trois générations de ministres – avaient géré sans discontinuité le département de la guerre entre 1643 et 1701. Colbert fit partie du conseil d'en haut de 1661 à sa mort en 1683. Orry, sous Louis XV, fut à la tête des finances de 1730 à 1745. Tout changea sous le court règne de Louis XVI. Au temps des réformes succéda celui de la réformite. A la lente maturation des textes succéda l'improvisation. A la stabilité ministérielle succéda le ballet des responsables éphémères.

Le contrôle général des finances, qui était à la fois le département le plus important et le plus délicat – puisque la Dette ne faisait qu'augmenter – passa de l'abbé Terray à Turgot (1774-mai 1776), de Turgot à Clugny (mai-octobre 1776), de ce dernier à Taboureau des Réaux (octobre 1776-juillet 1777), de Taboureau à M. Necker (juillet 1777-1781) dont le Roi avait vainement attendu des miracles, de Necker à Joly de Fleury (mai 1781-mars 1783), de ce dernier à Henri Le Fèvre d'Ormesson (mars-novembre 1783), d'Ormesson à Calonne (novembre 1783-avril 1787), de Calonne à Bouvard de Fourqueux (avril-mai 1787), de Fourqueux à Laurent de Villedeuil (mai-septembre 1787), de Villedeuil à Lambert (septembre 1787-août 1788) ; le tout pour aboutir au rappel de Necker (août 1788-juillet 1789). On peut imaginer le crédit d'un pouvoir qui multipliait ainsi les aveux de faiblesse, et la portée des mesures faussement énergiques que pouvaient proposer les titulaires successifs du portefeuille de Colbert. C'était répondre aux désirs de réforme de la population par un jeu d'ombres chinoises.

En outre, le règne de Louis XVI commençait par une contre-réforme – le rappel bien malencontreux des parlements –, et cela ne pouvait que grever tout sérieux plan de réformes. On sait que Louis XV, ne pouvant plus supporter l'obstruction des cours souveraines, obstruction nobiliaire, égoïste, importune et systématique, avait confié au chancelier Maupeou le soin de démanteler le parlement de Paris, de le réduire à ses fonctions de cour d'appel ; et le soin de réformer l'appareil judiciaire et l'administration. Il en était résulté, entre autres choses, une brèche immense dans la vénalité des offices, et la gratuité de la justice. Mal conseillé par Maurepas, le jeune Louis XVI rétablit l'ancien ordre (désordonné) des choses.

Suivirent des réformes trop ambitieuses et trop brutales, avec Turgot, qui sans prudence imposa en 1774 la libre circulation des céréales (qui engendra la « guerre des farines ») et en 1776 l'abolition des corporations (qui entraîna la chute du ministre) ; avec Necker, faux libéral étrangement autoritaire ; avec Saint-Germain (qui désagrégea la maison militaire du Roi), etc. A l'incohérence des ministres s'ajoutait celle d'un souverain incapable de soutenir l'effort de ses collaborateurs. Ou Louis XVI eut tort d'installer Turgot au pouvoir, ou il eut tort de ne pas le soutenir à tout prix. Ici se situe le mal.

49. Réaction seigneuriale, réaction nobiliaire

Depuis un demi-siècle, les historiens français sont divisés sur le sujet des causes principales de la Révolution. Faut-il placer en tête les origines intellectuelles, comme l'œuvre des sociétés de pensée ? Faut-il privilégier les explications sociales : réaction nobiliaire, poussée irrésistible des bourgeoisies conquérantes, misère paysanne ? Georges Lefebvre, pourtant spécialiste de la paysannerie, plaçait en tête la réaction nobiliaire, et nous pensons qu'il n'avait pas tort.

Il est vrai que tout dépend du regard que l'on porte sur la Révolution. A considérer son déclenchement, et la transformation d'états généraux en assemblée nationale constituante, on a le sentiment qu'il s'agit surtout d'une révolution bourgeoise – même si les grands seigneurs l'encouragent par jeu –, et d'une révolution sortie tout armée des sociétés de pensée. Mais jamais la crise de 1788 n'eût atteint son caractère de gravité si elle n'avait été précédée – à la Cour, au gouvernement, à Paris, en province, dans l'armée, à la campagne ; bref partout en France – par quarante années de réaction nobiliaire ou seigneuriale. Quant à décider de la place respective de cette cause sociale et des mécanismes intellectuels, nous ne pensons pas que cela mérite tant d'ardeur. Pour clore un faux débat, prenez-les à égalité.

On nomme en général « réaction nobiliaire » les efforts et les manifestations économiques, sociales et politiques tendant, à la fin de l'ancien régime, à revaloriser la puissance ou la fortune de la noblesse. « La démocratie et toutes ses fureurs sont nées des prétentions irritantes de l'aristocratie », a écrit Malouet, haut fonctionnaire d'esprit modéré, constituant du parti « monarchien ». Malheureusement le pouvoir royal, au XVIIIe siècle, non content de laisser faire, encouragea quelques formes de cette réaction nobiliaire, quand il n'en inventa pas lui-même.

La réaction dite seigneuriale, la plus connue sans doute, eut cette particularité de n'avoir pas été uniquement nobiliaire. L'effort pour rentabiliser les domaines a concerné tous les propriétaires, nobles ou bourgeois, grands seigneurs agronomes représentés sur place par des agents ou « fermiers généraux » et par leurs officiers seigneuriaux, hobereaux victimes de la montée des prix, mais aussi bourgeois de la ville. « La révolution paysanne de 1789… est-elle anti-féodale ? anti-seigneuriale ? Oui, bien sûr. Mais elle est aussi, et parfois davantage, anti-bourgeoise, ou, ce qui revient au même, anti-urbaine » (E. Le Roy Ladurie).

Il s'agissait, pour les propriétaires, d'un effort de reconstitution domaniale, déclenchée en 1740, au moment où une inflation certaine commençait. Ces propriétaires voulurent reconstituer la réserve seigneuriale et préciser la cadastration. Pour reconstituer la réserve, ils usèrent du droit de « retrait féodal » (droit de préemption utilisé lorsqu'un héritage était vendu dans la mouvance), et surtout ils revendiquèrent les terrains communaux. Des traités de « triages » ou de « cantonnement » leur permettaient de grignoter des terres à la propriété jusqu'alors incertaine, au détriment des droits d'usage et au préjudice des paysans les plus démunis. L'État cessa de les freiner quand les physiocrates* eurent condamné la jachère. D'ailleurs, grands propriétaires eux-mêmes, les parlementaires orientaient la jurisprudence en faveur des seigneurs.

En même temps l'on procéda à une cadastration seigneuriale intensive. Ce fut la fameuse révision des registres de droits seigneuriaux appelés terriers. Il y fallait la permission du Roi, mais ce dernier ne cessait de l'accorder. Aidés par de petits feudistes (spécialistes du droit féodal) comme Babeuf, les seigneurs partaient à la recherche de redevances périmées, et surtout de redevances en nature pour compenser la baisse du pouvoir d'achat de l'argent.

Les conséquences de cette réaction seigneuriale furent surtout morales. La remise en place d'une foule de droits seigneuriaux démodés – une masse exaspérante de petits droits – ne put se faire impunément. A lui seul, le droit de chasse suscitait mille colères, cristallisait les haines. La réaction seigneuriale fut particulièrement inopportune et particulièrement mal supportée là où le régime seigneurial était le moins pesant, comme en Languedoc.

Mais il y eut bien d'autres formes de réaction nobiliaire. Beaucoup furent imputables au pouvoir. Ce furent des erreurs qu'un Henri IV ou qu'un Louis XIV n'auraient jamais commises. Au moment où la modernisation de l'économie, l'enrichissement, le développement de la culture élargissaient la bourgeoisie et développaient son assurance, au moment où le sommet de cette bourgeoisie copiait la noblesse et n'en différait guère que par les droits (l'absence de quelques droits), il n'était sûrement pas opportun de sembler toujours favoriser, privilégier les nobles.

Or Louis XV et Louis XVI n'ont cessé de préférer les nobles aux roturiers. Ce fut le cas avec les bénéfices* d'Église – évêchés et abbayes auxquels nommait le prince – ; Louis XV partageant presque tous les bénéfices entre la Cour et la robe, Louis XVI ne faisant évêque aucun roturier ! Ce fut le cas au gouvernement. Entre 1715 et 1789, n'accédèrent au ministère que trois roturiers : le cardinal Dubois, Sartine et Necker. Ce fut le cas dans l'armée. En 1758 le maréchal de Belle-Isle, par ordonnance, donne priorité aux nobles pour les places d'officiers. Mais surtout, en 1781, sous le ministère du maréchal de Ségur, une décision royale (improprement connue sous le nom d'édit* des quatre quartiers) impose une preuve de noblesse à la plupart des futurs sous-lieutenants.

Ce type de mesure était impardonnable : injuste, inopportun, d'ailleurs absurde. Il barrait tout avancement à des hommes du calibre de Hoche ou de Marceau. Il ne réglait aucunement les problèmes de la noblesse pauvre. Cependant, non contents de favoriser à contretemps le second ordre au détriment des roturiers, Louis XV et Louis XVI donnèrent l'impression de ne s'intéresser qu'aux « aristocrates », à la noblesse de cour. Depuis 1758, cette dernière entre en force au gouvernement (le maréchal de Belle-Isle, le marquis de Castries, le maréchal de Ségur, etc.), en concurrence avec la noblesse de robe, jusques ici majoritaire. En 1759, Louis XV réglemente les « honneurs* de la Cour », imposant des preuves d'ancienne noblesse pour accorder le triple privilège d'être présenté à la famille royale, de monter dans les carrosses du Roi et d'accompagner Sa Majesté à la chasse.

Mais les bénéficiaires des honneurs de la Cour – en majorité nobles de province espérant, après leur petit tour coûteux à Versailles, un meilleur mariage ou une plus brillante carrière – se distinguaient beaucoup de la noblesse de cour. C'est cette dernière, trop oisive, trop richement pensionnée, qui, à la fin du siècle, attirait les détestations et contribuait *nolens volens* à discréditer le régime.

Cependant la réaction nobiliaire n'engagea point la seule responsabilité du Roi. Ce furent souvent les privilégiés qui la pratiquèrent. Et d'abord les grands de la robe, dont les professions de foi libérales n'étaient pas dénuées d'hypocrisie. La plupart des parlements exerçaient leur droit de cooptation au détriment des riches bourgeois. Le parlement de Paris, au long du XVIIIe siècle, n'admit en son sein des roturiers que dans un cas sur dix. Dès lors, comme l'ont remarqué en 1789 certains Cahiers, pourquoi des charges anoblissantes si les roturiers désireux d'être anoblis en sont exclus ? Ce barrage écartait aussi de nombreux candidats potentiels aux fonctions publiques. Entre 1715 et 1774, parmi les maîtres des requêtes – ces chevilles ouvrières de l'administration française –, il n'y en eut guère que trois pour cent qui ne fussent ni nobles, ni anoblis.

Cela n'empêchait pas le Parlement et les autres cours

souveraines de se réclamer sans cesse du « bien public », même lorsqu'ils se faisaient discrètement mais sûrement les chiens de garde de la richesse et des privilèges. La « révolution aristocratique » de 1788 leva partiellement, quoique tardivement, cette ambiguïté.

Mais la réaction nobiliaire, sous Louis XVI, c'est aussi Barnave chassé de sa loge au théâtre de Grenoble, pour faire place à des noblaillons abusifs ; c'est encore le courtisan méprisant le noble provincial ; c'est le hobereau insolentant le gros marchand de la ville voisine ; c'est le jeune capitaine de famille noble humiliant à plaisir le vieux lieutenant roturier. Il faudrait, en usant des méthodes de l'histoire des mentalités, étudier de manière exhaustive ces cascades du mépris gratuit. Il en résulterait une meilleure lumière pour éclairer 1789.

50. Révélateurs et détonateurs

A la fin du règne de Louis XV, l'opposition parlementaire avait été jugulée ; le Parlement Maupeou avait surmonté un premier discrédit ; rien ne menaçait directement le régime ; les plus solides monuments n'évitent point les lézardes. Après le renvoi de Turgot, les lézardes devinrent des brèches.

La plus grave fut la conséquence de la guerre d'indépendance américaine. Louis XVI eut-il tort d'engager le pays dans cette aventure en 1778 ? Il n'en faut point juger trop vite. La guerre d'Amérique redonna confiance à l'armée et à la marine, et elle ressuscita en France un patriotisme qu'avait estompé la guerre de sept ans. Elle fut une revanche attendue et applaudie sur l'Angleterre, mais elle ruina littéralement l'État. « La guerre d'Amérique avec les constructions navales de Sartine coûta près de deux milliards de livres » (Méthivier). Lorsqu'elle prit fin en 1783, le déficit était déjà presque tragique.

Deux ans plus tard éclatait l'affaire du Collier, « préface de la Révolution ». « Dès 1785, le procès du Collier fut pour moi, écrivit Goethe, une véritable Gorgone : je voyais déjà la majesté royale minée, anéantie par un semblable procès. » Il voyait juste. Un roi qui ne défend pas sa femme, un royaume qui ne défend pas sa reine sont perdus. Que la Reine ait été imprudente, et le cardinal de Rohan plus que léger, ce fait divers malencontreux n'avait pas en lui-même de véritable gravité. Mais l'histoire récente nous a rappelé – avec un don de diamants de bien moindre valeur – qu'un petit fait de rien peut acquérir, l'opinion aidant, des dimensions étranges.

Faut-il, encore et toujours, mettre en accusation le traité de commerce libre-échangiste franco-britannique de 1786 ? En lui-même il n'était pas condamnable, puisque les deux parties y trouvaient leur profit ; et l'introduction à moindre prix de produits manufacturiers anglais ne pouvait en France qu'atténuer la cherté de la vie. En revanche, puisque nos concurrents d'outre-Manche avaient une industrie plus performante, M. de Rayneval, signataire de l'acte, aurait dû penser davantage aux conséquences économiques du traité. Nombre de fabriques, incapables de rivaliser, sinon avec la qualité du moins avec les prix anglais, durent fermer, augmentant le nombre, déjà trop considérable, des sans-emploi.

La grêle catastrophique de 1788, elle, ne pouvait pas survenir plus mal. Le 13 juillet, on estime que seraient tombés en France plusieurs dizaines de milliers de tonnes de grêlons. Ce désastre pèsera lourd au printemps de 1789, au moment de la « soudure ». Jamais le pain n'avait paru si cher qu'à la veille du 14 Juillet.

51. Le mur des privilèges

Pour surmonter la crise financière, la royauté aurait pu éteindre une large part de la Dette grâce à une banqueroute limitée et contrôlée, faire appel à la solidarité des Français, augmenter les rentrées fiscales en imposant davantage les riches et en faisant payer les nobles. Mais Louis XVI ne le comprit pas, et ses ministres se heurtèrent à l'égoïsme des privilégiés.

Les nobles assuraient n'être point avares de leur sang ; mais pour quelques centaines de morts au champ d'honneur, ils étaient des milliers à refuser l'impôt. Ils pensaient faire déjà beaucoup en payant une capitation dévaluée et des vingtièmes nullement ruineux. Taine assurait que la noblesse du temps des Lumières refusait de payer l'impôt moins par avarice que par amour-propre. Quand c'eût été vrai, cela n'eût pas changé la situation. D'ailleurs les nobles avaient pris de fort mauvaises habitudes, comme de disposer d'emplois réservés ou figurer sur le « livre rouge » des pensions royales.

Si le noble français répugnait individuellement aux charges fiscales – et ne songeait nullement à consentir des sacrifices en faveur de l'État –, le Clergé y répugnait en corps. Le paiement du don* gratuit lui semblait une contribution civique suffisante, dès lors qu'il déchargeait l'État de toutes dépenses d'instruction publique et de beaucoup de dépenses d'assistance ; mais ses dirigeants ignoraient ou oubliaient ce fait historique essentiel : « Au temps de Catherine de Médicis, l'Église de France, avec environ deux millions par an, contribuait pour quelque quinze pour cent aux dépenses royales » ; sous Louis XVI, elle n'y participait plus que pour un pour cent. « Un clergé de plus en plus riche prenait une part de plus en plus modeste aux dépenses du royaume » (P. Goubert).

Le Clergé et la noblesse étaient d'autant plus attachés à leurs privilèges, que la contrepartie de ces derniers – les services rendus – se faisait moins importante et moins visible. Paradoxe initial précédant de terribles contre-paradoxes, puisque l'Église sera disloquée par la constitution civile du Clergé et puisque les « aristocrates » vont payer de leur sang, en même temps que leur tardive fidélité au Roi, le refus de sauver la monarchie.

Tout va se jouer en 1787 et 1788. Le contrôleur général Calonne fait convoquer par le Roi une assemblée de notables* à Versailles, particulièrement aristocratique, puisque, sur 144 membres il y a moins de quarante roturiers, mais sept princes du sang et quatorze prélats. Une réforme fiscale radicale est proposée à ces notables. Ils acceptent une diminution de taille pour les humbles ; ils refusent nettement l'édit créant une subvention* territoriale, impôt foncier payable par tous les propriétaires sans exception, au prorata des récoltes.

Beaucoup plus que le renvoi de Turgot en 1776, ce

refus sonne le glas du régime. Désormais tous les projets de même type échoueront ; tous les privilégiés (princes, prélats, nobles, parlementaires) s'obstineront, unis dans un front du refus.

C'est en vain que Calonne s'adresse à l'opinion publique (31 mars). Huit jours plus tard, le ministre réformateur est remercié. Son successeur Loménie de Brienne, un archevêque philosophe soutenu par la Reine, se voit à son tour refuser d'abord par les notables, ensuite par le Parlement, un nouveau projet de subvention territoriale ; tant il est vrai que « les plus grands coups portés à l'antique constitution de l'État le furent par des gentilshommes » (Chateaubriand).

L'assemblée des notables fut dissoute le 25 mai 1787. Un mois plus tard étaient créécs des assemblées provinciales. L'initiative était intéressante et comportait deux innovations : le doublement des représentants du tiers état et le vote par tête. Cependant le Parlement, soutenu par les pairs, multipliait ses remontrances et bloquait les réformes fiscales. Le 15 août, le Roi l'exilait à Troyes, et refusait l'idée de convoquer des états généraux.

L'obstruction parlementaire, aggravée par le constant soutien des princes et des pairs, prit bientôt de telles proportions que le Roi, assisté du garde des Sceaux Lamoignon, enleva au Parlement son droit de remontrance (8 mai 1788). Cependant l'agitation gagnait les clubs, les salons, la rue et – qui l'eût cru ? – jusqu'à l'assemblée du Clergé (5 mai-5 juin). Cette dernière refusait à Brienne tout don gratuit exceptionnel, ne dissimulait pas son soutien au Parlement et, comme lui, réclamait avec force la convocation d'états généraux. On vit maint désordre en province, où les assemblées provinciales, à peine formées, s'agitèrent parfois, tandis que la noblesse s'affirmait volontiers solidaire du parlement ou de la cour souveraine du lieu. L'exil de quelques magistrats du parlement de Dauphiné (7 juin 1788) provoqua une vive émeute à Grenoble. On l'appela « la journée des tuiles » parce que les forces de l'ordre furent proprement lapidées par des manifestants juchés sur les toits et lançant dans la rue tous les projectiles possibles.

Le 21 juillet une assemblée des trois ordres se réunit à

Vizille, avec double représentation du Tiers. Elle demandait à la nation la fin des privilèges, la réunion d'états généraux, le doublement des députés du tiers état et le vote par tête. Le 8 août, Brienne céda. La France apprit que des états généraux se réuniraient en mai 1789. Brienne s'étant retiré (24 août), Louis XVI confiait les finances à Necker et laissait le garde des Sceaux Barentin abolir la réforme de Lamoignon. Un peu à court d'imagination, M. Necker ne trouvait qu'à rappeler les notables (6 novembre). Le parti patriote, mais aussi une large part de la nation, attendaient tout des états généraux.

52. La dissolution de l'ancien régime

Six mois vont suffire à démanteler et ruiner un régime qui, depuis plus de trois siècles, paraissait indissolublement lié à l'histoire de la France.

Le premier coup porté fut politique. Il fut anti-royal, mais non républicain. En effet, de même que les cahiers de doléances avaient dénoncé le despotisme étatique et non la monarchie, de même les douze cents députés aux états généraux (300 pour le Clergé, autant pour la noblesse, six cents pour le tiers état) étaient rien moins que républicains. Ce sont eux, pourtant, qui vont abattre la monarchie absolue avant d'établir une royauté constitutionnelle invivable, qui portera en elle les germes de sa proche destruction.

Le 5 mai 1789 n'est pas vraiment en cause, ce jour où à Versailles se réunissent les derniers états généraux de la monarchie. Car, en somme, depuis 1302, nombre de sessions comparables ont eu lieu, dont la royauté s'était tirée sans dommage. Deux faits cependant auraient pu inquiéter la Cour : le doublement du Tiers (nouveauté hardie, imitée des états provinciaux) et son corollaire, le titre à l'anglaise de « communes » que s'étaient donné aussitôt les députés du Tiers (avocats, médecins, propriétaires, intellectuels). Derrière les deux faits l'on retrouvait les prétentions bourgeoises, exprimées en 1788, à soutenir voire à incarner « les droits de la nation ». Le 17 juin, la révolution politique se déclenche : les « communes » se déclarent « assemblée nationale », représentantes de la Nation ; elles ne se préoccupent pas de l'avis des deux ordres privilégiés ; bien plus, négligeant la prérogative royale, elles se donnent comme compétentes en matière d'impôt. *Le pouvoir absolu est en train de passer du Roi à la Nation* (ou à ceux qui pensent l'incarner). Le 23 juin, tout en condamnant la séparation des trois ordres et tout en promettant de grandes réformes de structure, Louis XVI commet l'imprudence de nommer « représentants de la Nation » les députés rebelles (auxquels s'étaient joints depuis le 19 les élus du Clergé). Enfin, le 27 juin, le Roi invite les représentants des ordres privilégiés à rejoindre ceux du Tiers. Lorsque l'assemblée « nationale » décidera le 9 juillet de se dire « constituante », elle achèvera une révolution politique de soixante-quatre jours. L'ancien régime n'est plus le même. On a enlevé au Roi son pouvoir absolu ; on a fait passé la Nation avant le souverain ; on a implicitement substitué à la croyance au *droit divin* la notion de *contrat social.* Cette révolution non violente est plus grave que l'émeute du 14 Juillet et même que la violation du palais de Versailles le 5 Octobre.

Après la révolution politique, les restes de l'ancien régime vont subir une révolution sociale. Elle est déterminée par l'agitation parisienne et surtout par la « grande peur », éphémère et rude jacquerie qui a secoué la province à la fin de juillet.

A ces mouvements sociaux venus de la base va répondre la nuit du 4 Août. A l'instigation du vicomte de Noailles et de quelques députés de la noblesse, l'Assemblée votera, on le sait, l'abolition des droits* féodaux et surtout des droits seigneuriaux, ainsi que l'extinction de tous les privilèges personnels ou collectifs. La suppression de la noblesse (23 juin 1790) parachèvera cette politique égalitaire. En faisant tous les Français théoriquement égaux, ces mesures répondaient au vœu des Cahiers et aux souhaits de l'immense majorité du peuple, mais si l'on se souvient que l'ancien régime français était à la fois monarchique et aristocratique, on comprend que, après ce remodelage social, il ne restait plus grand-chose du passé.

Le remodelage idéologique ne tarda point. Le 26 de ce même mois d'août, l'assemblée constituante vote la

Déclaration des droits de l'Homme et du Citoyen, préambule désigné de la constitution en cours de gestation, texte destiné à représenter comme « les tables de la Loi » de la France moderne, un « catéchisme national » selon le mot de Barnave. Cette fameuse Déclaration révèle mainte influence. Elle contient du Sieyès, bien sûr, mais aussi du Rousseau, du Locke, du Beccaria, du Mirabeau, sans oublier les idées venues d'Amérique depuis la déclaration d'indépendance de 1776. Face au christianisme, qui n'accorde aucun droit à ses fidèles mais leur impose et leur rappelle sans cesse les « devoirs du chrétien », la Déclaration des droits de l'Homme oublie de fixer les devoirs du citoyen (pourtant réclamés par l'abbé Grégoire). L'introduction de l'Être suprême dans le texte du 26 août ne doit point abuser. A la société chrétienne de l'ancien régime est substituée une société d'apparence libérale, mais dominée par une Loi omniprésente ; au Décalogue ou loi de Dieu est substituée une morale laïque, issue du mouvement des Lumières, égalitaire, bourgeoise et puritaine. L'idéologie s'est saisie de nos constituants. On sait que ce caractère idéologique – presque inconnu sous l'ancien régime – a marqué les hommes de 89. Dans ses *Réflexions sur la Révolution de France*, Burke explique le caractère terroriste de la Révolution par ce fait que les bons bourgeois de la Constituante étaient idéologues et athées (athées derrière le masque rassurant du déisme). Ce qui nous conduit à la quatrième vague de la Révolution, la vague antireligieuse.

Chronologiquement la révolution antireligieuse vient en quatrième. Quelques historiens en font bon marché, notamment Tocqueville, qui la place loin derrière la révolution politique et sociale. D'autres, de Mgr Freppel à Jean de Viguerie, lui accordent une importance prioritaire. Il y a du vrai dans les deux thèses. Certes le politique et le social l'emportèrent d'abord. La hantise de l'égalité a failli tout balayer : privilèges, institutions, et jusqu'au principe monarchique même. Mais la majorité des députés du Clergé a participé à cette première révolte.

Tout changea lorsque les prêtres sentirent chez leurs collègues du Tiers un désir de s'en prendre à l'Église établie. On sait que la constitution civile du Clergé

(12 juillet 1790), et les serments imposés ensuite aux prêtres, coupèrent le clergé en deux, puis la France en deux, en attendant de discréditer une large part de la Révolution. Mais le vote de la Constitution civile, qui va provoquer la principale rupture entre Louis XVI et l'Assemblée, n'a été qu'un aboutissement : dès l'automne de 1789, Talleyrand faisait décréter la mise en vente des biens ecclésiastiques, ne se préoccupant point de violer ce droit « sacré » dc la propriété, si important dans la Déclaration des droits (2 novembre).

A cette date, c'est-à-dire moins de six mois après l'ouverture des états généraux, il ne reste presque plus rien de l'ancien régime : ni monarchie absolue, ni monarchie administrative et modérée, ni monarchie aristocratique, ni privilèges (et donc aussi ni libertés*), ni clergé autonome. Au lieu de l'adage : *Une foi*, *une loi*, *un Roi*, on entend : *La Nation*, *la Loi*, *le roi*, ou bien : *Liberté*, *égalité*, *propriété*. Louis XVI n'est plus sur le trône capétien, mais sur « un strapontin constitutionnel », en attendant les jours peu éloignés de sa suspension (10 août 1792), de son jugement (11 décembre 1792 - 18 janvier 1793) et de sa mort sur l'échafaud (21 janvier 1793).

53. La Révolution était-elle évitable ?

Selon Burke, pour éviter la Révolution, il aurait suffi de corriger les fautes de l'ancien régime (elles étaient finalement vénielles) et « que la constitution anglaise relevât encore ce qu'il avait déjà d'excellent ». En bon français, cela signifie que le royaume de France n'avait pas besoin d'une constitution écrite, mais qu'il eût dû compléter sa constitution coutumière, un peu comme avait fait la Grande-Bretagne entre la grande charte (1215) et le bill des droits (1689). *Lentement et progressivement, on serait passé de la monarchie absolue modérée à une royauté constitutionnelle* non moins modérée (comme sera celle de Louis XVIII, mais dans le cas particulier après les morts innombrables de la Révolution et de l'Empire).

Louis XIV avait laissé à ses successeurs deux cadeaux empoisonnés : la révocation de l'édit de Nantes (c'est-à-dire six cent mille « nouveaux convertis » pour le moins fort mal convertis) et la bulle *Unigenitus* (1713) imprudemment sollicitée du pape, et qui avait rendu agressive et vraiment hérétique toute une élite janséniste dont le tort avait surtout été de détester les jésuites et de réprouver les contraintes de la raison d'État et de la géopolitique. Il aurait fallu 1° ne pas attendre 1787 pour promulguer un édit de tolérance, et, 2°, calmer l'opposition janséniste au lieu de l'exacerber.

Ce n'est point un hasard si protestants et jansénistes se réjouirent des bouleversements de 1789. L'affaire des billets de confession, réclamés aux mourants suspects de jansénisme (1752), est caractéristique du manque de lucidité de Louis XV.

Cependant Louis XIV laissait aussi à ses héritiers une France solide, équilibrée et modernisée. Certaines des institutions les plus efficaces de l'Europe avaient été établies de son fait : le conseil du Roi, les intendants, la lieutenance de police, une marine vraiment « nationale », les fermes générales, la direction générale des fortifications, les chambres de commerce, etc. Louis XV et Louis XVI se contentèrent souvent de les conserver, comme ils crurent bon de maintenir la présence de la Cour à Versailles, de conserver cérémonial et protocole, de continuer d'éviter Paris. Ainsi croyaient-ils être fidèles à leur illustre prédécesseur, oubliant que ce dernier était un prince empirique, nullement conservateur au sens étroit et négatif du mot. Si Louis XIV avait vécu, il eût probablement senti la nécessité d'abandonner partiellement Versailles. Il eût modifié quelques institutions ; il eût créé d'autres structures. Les princes du despotisme éclairé, eux, ont été plus adroits que Louis XV et Louis XVI. Ils ont imité Louis XIV dans l'esprit, dans le style, et non dans le détail et selon la lettre.

Entre autres réformes bienfaisantes, le Grand Roi avait profité des circonstances pour s'attaquer à l'inégalité fiscale. Après avoir, au début du ministère de Colbert, soulagé le peuple en diminuant les tailles au profit de l'impôt indirect (impôt de consommation des riches), il sut, sous le prétexte – d'ailleurs réel – de l'effort de guerre, faire tomber les privilégiés dans le piège des impôts de solidarité. Rien ne parut plus révolutionnaire que la capitation (1695) et le dixième (1710). Le Dauphin lui-même avait été taxé à la capitation, suivi des ministres, des fermiers généraux et des ducs. Il était moins douloureux au paysan de payer la taille, dès lors qu'il apprenait que les grands, les nobles, les seigneurs avaient cessé d'être exonérés d'impôts.

Non content d'être novateur, le dixième était particulièrement moderne : il comportait une déclaration préalable des biens du contribuable, un « dénombrement impie » que le duc de Saint-Simon prétendit contraire aux enseignements de la Bible.

Si les successeurs de Louis XIV avaient, depuis 1715, officialisé de façon permanente capitation et dixième ; s'ils avaient eu l'audace de rendre l'impôt plus progressif (au milieu du XVIIIe siècle, les mutations immobilières ne sont imposées qu'à un pour cent, le « centième denier » !), les humbles auraient été mieux associés à l'enrichissement général du royaume.

Mais la population de ce royaume étant en grande majorité rurale, il eût fallu encourager le développement réel de la petite propriété, abolir les droits seigneuriaux (ne pas attendre le 4 août 1789) au lieu d'encourager ou de laisser faire toutes ces révisions de terriers, tous ces remembrements prétendument justifiés par des impératifs agronomiques.

MOINS DE PRIVILÈGES, PLUS D'ÉGALITÉ, LA TERRE AUX PAYSANS : AVEC CE TRIPLE PROGRAMME, L'ANCIEN RÉGIME EÛT PEUT-ÊTRE RECONDUIT SON BAIL POUR TROIS CENTS ANS.

Reste la question de l'élargissement des pouvoirs. Louis XIV avait audacieusement rompu avec la mauvaise habitude d'introduire dans le Conseil Reine mère, princes du sang, grands du royaume. Il avait délibérément préféré faire confiance à la noblesse de service, à des robins compétents, relativement proches de leur origine bourgeoise. Or, depuis le milieu du XVIIIe siècle revinrent en force les représentants de la haute noblesse. D'autre part, puisque nul ne souhaitait convoquer des états généraux (ceux du XVIe siècle et ceux de 1614 n'ayant pas laissé un souvenir attrayant), et puisque les parlements et autres cours souveraines abusives avaient entrepris, depuis 1715, de freiner ou de perturber le jeu législatif ; il eût fallu, à froid, imposer une nouvelle forme de concertation. On eût diminué le droit de remontrance du Parlement, comme avait fait Louis XIV en 1673 ; on eût convoqué une assemblée de notables, comme fit en Russie Catherine II avec son *Nakaz* (commission pour la réforme du Code).

Il y avait aussi la solution des états provinciaux. Des hommes aussi différents que Fénelon et que le marquis d'Argenson en avaient demandé la généralisation. L'exemple trop tardif des « assemblées provinciales » à la fin de l'ancien régime donnerait presque raison au marquis d'Argenson.

Au lieu de quoi, Louis XV entreprit d'opérer à chaud. La réforme du chancelier Maupeou en 1771*, enlevant aux parlements leur rôle politique, s'attaquant à la vénalité des charges (désormais trop impopulaire pour mériter d'être conservée pieusement), transformant les magistrats en fonctionnaires et promettant au public une justice gratuite, cette réforme intervint trop tard, puisque le jeune Louis XVI crut bon d'inaugurer son règne en l'abolissant. Mais elle eut surtout l'inconvénient de ne s'attaquer qu'à la moitié du mal.

Certes les parlements avaient tort de prétendre être la réplique du parlement de Londres. Celui-ci était une chambre politique ; les parlements de France étaient des cours d'appel. Les membres des communes étaient élus ; les magistrats des parlements entraient en fonction par le seul jeu de la vénalité des offices. Par quel miracle l'achat d'une charge pouvait-elle transformer en député compétent le jeune avocat riche entré au Parlement ? Bref, Louis XV eut raison de brider les parlements ; il eut tort de ne pas créer ou relever une institution, politique et technique, susceptible d'associer l'opinion aux affaires publiques, et en particulier au contrôle des dépenses de l'État.

L'ancien régime serait peu à peu devenu une royauté constitutionnelle ; Burke, orfèvre en la matière, en était persuadé. On eût économisé les quinze cent mille victimes de la Révolution et du premier Empire.

54. Rémanences

Malgré leur apparence radicale, il arrive que les révolutions ne modifient guère que vingt pour cent des institutions par elles contestées, et quelque dix pour cent des sociétés par elles détestées. Sans l'apport des hommes et des traditions de l'ancien régime, sans l'aide d'un Tronchet pour élaborer le Code civil, on ignore comment Napoléon – premier consul ou Empereur – aurait pu gouverner. D'ailleurs, la France, pays remuant et volontiers enclin à exporter et à imposer ses idées, est connue pour ses révolutions ; elle l'est non moins pour son conservatisme et son goût implicite de la continuité. C'est sans doute pourquoi ni 1789, ni 1793, ni l'abolition de la royauté, ni même la Terreur ne réussirent l'éradication de l'ancien régime.

En 1993, deux cents ans après la mort de Louis XVI, chacun peut constater, par exemple, que la vénalité des offices existe toujours. Elle concerne d'honorables professions : les avocats près le conseil d'État figurent en tête, mais aussi les avoués à la Cour, les huissiers de justice, les notaires, les commissaires priseurs.

L'esprit de l'ancien régime n'a pas déserté les grands corps : ni les ponts et chaussées, ni les eaux et forêts (bien qu'ils aient changé de nom), ni le corps des mines, ni le génie maritime. Quant aux unités d'élite de l'armée elles tiennent beaucoup à se relier à leurs devancières : le 1er régiment d'infanterie se réclame de Picardie ; le 1er Hussard, de Bercheny ; le 2e Hussard, de Chamborant, etc.

Un livre ne suffirait pas à énumérer les survivances de l'ancien régime. Le seul domaine de la loi peut en donner l'idée. En 1858, le juriste J.-B. Paillet énumérait 450 actes royaux toujours applicables. Cela allait des lettres patentes de Louis X le Hutin (3 juillet 1315), affranchissant les serfs du domaine royal, jusqu'à l'arrêt du Conseil du 26 mai 1789 réglementant la librairie.

Les codes napoléoniens s'étaient souvent contentés, au reste, de regrouper des dispositions légales antérieures à la Révolution. « Qui veut s'en convaincre n'a qu'à comparer, par exemple, les articles du plus récent Code civil sur la mitoyenneté, les successions ou le régime matrimonial communautaire aux articles correspondants de la Coutume de Paris » (O. Sers). Notre article 675, sur l'ouverture d'une fenêtre en mur mitoyen, correspond à quelques mots près à l'article 199 de la Coutume de Paris. Stendhal s'est d'ailleurs trompé, qui louait exagérément la belle concision des textes napoléoniens. Vaut-il mieux avoir écrit : « Nul n'est tenu d'accepter une succession qui lui est échue » (art. 755 du Code civil), ou bien : « Il ne se porte héritier qui ne veut » (Coutume de Paris, article 316) ?

La législation actuelle fait usage des normes antérieures à 1789, en particulier pour combler les lacunes, volontaires ou involontaires, des codificateurs et de leurs prolixes successeurs. L'actuel droit des épaves se réfère à l'ordonnance de marine de 1681 et au code forestier de 1669. Les règles relatives à la dévolution des titres nobiliaires – comme ceux de comte ou de baron – demeurent celles de l'acte de création. En ce qui concerne la transmission des souvenirs de famille, joue toujours la règle coutumière d'aînesse et de masculinité, en opposition au style de partage égal du Code civil. On pourrait multiplier les exemples.

Tout cela paraît d'abord étrangement paradoxal. Mais l'histoire du droit explique ces rémanences. En effet, « il n'existe aucun texte de portée générale abrogeant explicitement l'ensemble des règles de droit applicables en France à la veille de 1789 » (O. Sers), mais seulement des abrogations partielles et implicites, résultant de dispositions nouvelles édictées sur des points de détail, et quelques abrogations explicites et limitées.

De ces dernières les deux plus importantes se voient dans l'article 1041 du Code de procédure civile et dans l'article 7 de la loi du 30 ventôse an XII (21 mars 1804). Le premier abrogeait, à compter du 1er janvier 1807, « toutes lois, coutumes, usages et règlements relatifs à la procédure ». Quant à la loi de ventôse an XII, établissant le Code civil, elle précisait : « A compter du jour où ces lois sont exécutoires, les lois romaines, les ordonnances, les coutumes générales ou locales, les statuts, les règlements cessent d'avoir force de loi générale ou particulière dans les matières qui sont l'objet desdites lois composant le présent Code. » L'application de l'ancien droit demeurait donc la règle, et son abrogation – même fortement envahissante – restait l'exception.

La jurisprudence de la cour de cassation est éloquente. Ici elle invoque un adage de droit romain (*Impossibilium nulla obligatio*, 5 novembre 1835) ; là elle renvoie à l'ordonnance du 6 novembre 1778, interdisant de louer des maisons à des femmes de débauche (18 mars 1875). Tout récemment la seconde chambre civile de la Cour s'appuyait sur l'article 111 de l'ordonnance de Villers-Cotterêts (août 1539*) prescrivant, à peine de nullité, l'usage de la langue française pour la motivation des jugements (11 janvier 1989).

A côté de ces réalités irréfutables, il serait sans doute vain de s'attarder sur nos comités Colbert, ou sur le « Patrimoine », ou sur l'usage que fait la République du château de Versailles. Les autorités refusent l'ancien régime en bloc, mais le retrouvent volontiers en détail. Peut-être quelque nostalgie se faufile-t-elle, consciemment ou non, dans l'esprit des députés réunis en congrès à Versailles. Peut-être certains d'entre eux accepteraient-ils ce paradoxe presque centenaire lancé par un écrivain politique : « Il y eut un ancien régime. Il n'y a pas encore de régime nouveau. »

55. Conclusion

Raymond Aron constatait, pour le déplorer, que la France – contrairement à l'Angleterre – se croyait curieusement obligée de faire des révolutions, au lieu de se contenter de réformes. On peut dire que le mal français est l'utopie, foi en la vertu des tables rases. Les constituants ont prétendu mettre à bas en quelques mois l'œuvre patiente de douze générations. « Pour louer ces messieurs..., il faudrait qu'il fût bien évident que les mêmes choses n'auraient pas pu s'exécuter sans produire une telle révolution. Très assurément ils l'auraient pu : car toutes les opérations importantes qu'ils ont faites, portaient sur des points qui leur avaient été volontairement accordés d'avance par le Roi lors de la réunion des états généraux, ou par l'expression positive des cahiers des différents ordres » (Burke).

L'ancien régime sur sa fin avait cent défauts ; il n'était pas suspect de tyrannie. « Ce que vous sentiez, lorsque vous étiez en France, c'est ce mélange de liberté et d'autorité, de lois et d'opinions, qui faisait croire à l'étranger, sujet d'une monarchie et voyageant en France, qu'il vivait sous un autre gouvernement que le sien » (J. de Maistre). On doit accorder du prix à ce jugement d'un politique étranger qui n'avait pas en 1789 caché sa sympathie pour les événements de France.

L'attitude de nos contemporains, écartelés entre la détestation (haine des privilèges et du cléricalisme) et la nostalgie (regret d'un art de vivre) montre en tout cas que l'ancien régime français ne laisse pas indifférent.

TROIS TÉMOIGNAGES

La France de Louis XIV, vue par Voltaire.

« Je porte les yeux sur toutes les nations du monde, et je n'en trouve aucune qui ait jamais eu des jours plus brillants que la française depuis 1655 jusqu'à 1704. Je prie tous les hommes sages et désintéressés de juger si un petit nombre d'années très malheureuses dans la guerre de la succession doivent flétrir la mémoire de Louis XIV. »

La France de Louis XV, jugée par l'abbé de Véri.

« Jamais la France n'a été si riche et si abondante en toutes sortes de manufactures, si ornée par la foule de ses savants, si bien cultivée dans les campagnes et si peuplée en habitants que sous le règne de Louis XV. Les armes n'ont pas été si brillantes, je l'avoue, mais elles n'ont pas eu les injustices, l'odieux et les dévastations de son prédécesseur. Aucune guerre civile n'avait versé le sang des citoyens, aucun motif de factions parmi les riches citoyens, ni aucun motif de religion (si l'on excepte quelques prédicants étrangers et obscurs) n'ont mis les Français sous la main des bourreaux pendant cinquante-neuf ans. Nulle époque de la monarchie ne nous présente une paix aussi longue. Pendant la même époque les trois guerres étrangères (même la dernière, moins honorable) n'ont point vu les armées ennemies dans l'intérieur de nos frontières. Le peuple n'en a senti la dureté que par les recrues et par l'argent. Ce dernier avantage est commun aux guerres de Louis XIV. Qu'on lise les histoires et qu'on compare les temps !

« Un autre bienfait inestimable dont on ne sent l'avantage que par réflexion est un fruit du règne de Louis XV. C'est la sûreté des villes et des routes. Sept ou huit cents hommes dans Paris, sous le nom de guet, et 3 700 cavaliers de la maréchaussée* répandus dans les provinces, font la sûreté des chemins et des rues parmi 24 millions d'habitants... Nul bienfait domestique ne vaut celui de la sécurité domestique : sachons en jouir et en rendre grâces à l'autorité publique...

« Les fondateurs de la littérature et les grands généraux ont pris naissance sous Louis XIV, mais la masse des sciences, de la saine critique, de la vraie philosophie, de la bonne physique et d'une morale saine et humaine, est supérieure à celle qui existait avant l'époque présente... Buffon, Voltaire et Jean-Jacques Rousseau survivent encore à Louis XV.

« La population est toujours le résultat des richesses de l'agriculture, des arts, des sciences répandues et des douceurs de la vie. Il n'y a pas de provinces et de diocèses où l'on n'aperçoive à l'œil cette plus grande population depuis vingt et trente ans...

« La plus grande population est une preuve assurée de la plus grande richesse. La guerre dernière porta tous les ans à l'étranger, à commencer dès 1757, plus de 100 millions pour les armées qui furent toujours hors de nos frontières. Les subsides furent, pendant deux ou trois ans, de 70 et ensuite de 30 millions ou environ. Ces deux sommes, bien sûrement exportées en espèces, ne rendirent point l'argent rare en France. Pendant tout ce temps-là, les denrées ne diminuèrent point de valeur ; l'affermage des terres et des vignes augmenta graduellement comme en temps de paix, et les paysans fermiers payèrent exactement... La supériorité du commerce rapporta toutes ces sommes en France... Ces avantages de richesse, de science, de population et d'urbanité ne se font sentir que par des gradations qui sont imperceptibles, chacune séparément, et le peuple, toujours plus frappé du mal que du bien, n'en fait pas moins retentir ses plaintes. La foule des écrivains est peuple aussi dans ce genre-là. »

La France de Louis XVI, jugée par Edmund Burke.

« En vérité quand je considère tout le royaume de France, la multitude et l'opulence de ses villes, la magnificence utile de ses routes spacieuses et de ses ponts, l'avantage de ses canaux artificiels de navigation, qui établissent des communications si faciles entre les mers et les points les plus distants d'un continent immense dans son étendue ; lorsque je jette mes regards sur les merveilleux ouvrages de ses ports et de ses bassins, et sur tout l'appareil de sa marine, soit militaire soit marchande ; lorsque je passe en revue le nombre de fortifications construites sur des plans si hardis et si savants, si dispendieuses dans leur construction et dans leur entretien, qui présentent de tous côtés à ses ennemis des fronts armés et des barrières impénétrables ; quand je me rappelle combien est petite l'étendue de ses terres incultes, proportionnellement à celle du royaume entier, et à quel degré de perfection a été portée la culture d'un grand nombre des meilleures productions de la terre ; lorsque je réfléchis sur l'excellence de ses fabriques et de ses manufactures qui ne le cèdent qu'aux nôtres, et qui même ne leur cèdent pas sur certains articles ; lorsque je contemple ses grandes fondations de charité publique et particulière ; lorsque je m'arrête à la vue des beaux arts qui procurent l'adoucissement et l'embellissement de la vie ; lorsque j'énumère les hommes fameux qu'elle a produits, soit pour la gloire de ses armes, soit pour l'honneur de ses conseils, le grand nombre de ses législateurs et de ses théologiens fameux, de ses philosophes, de ses critiques, de ses historiens, de ses antiquaires, de ses poètes, de ses orateurs sacrés et profanes, j'éprouve, à l'aspect d'un spectacle si imposant, quelque chose qui interdit à l'esprit une censure trop générale et trop inconsidérée, et qui exige que nous entrions dans une recherche bien sérieuse avant de prononcer sur les vices cachés qui pourraient nous autoriser à raser tout d'un coup jusques à ses fondements une composition dont tout l'aspect est si imposant. Rien dans ce tableau brillant ne me rappelle le despotisme de la Turquie. Je n'y découvre rien non plus qui caractérise un gouvernement qui aurait été en tout si oppressif, si corrompu ou si négligent, qu'il ne fût absolument susceptible d'aucune *espèce de réforme*. Ah ! je crois bien plutôt qu'un tel gouvernement méritait que la constitution anglaise relevât encore ce qu'il avait déjà d'excellent, qu'elle corrigeât ses fautes, et qu'elle accrût ses facultés naturelles » [1790].

ANNEXES

CHRONOLOGIE

498 : Date probable du baptême de Clovis (25 déc.).

754 : A Saint-Denis, sacre* de Pépin le Bref (28 juill.).

843 : Traité de Verdun, partageant l'empire carolingien.

987 : A Noyon, Hugues Capet († 996), duc des Francs, désormais roi *(Rex Francorum)* par élection des grands, est sacré (3 juill.) – A Orléans, son fils Robert II, également bénéficiaire d'une élection, est sacré en qualité de Roi associé (déc.). On trouve ici le germe du principe héréditaire. « En droit, l'élection ne le cédait en rien à l'hérédité, et il devait en être ainsi durant six générations. » En fait, le sacre six fois répété de l'aîné, du vivant du Roi régnant, allait affaiblir le principe électif, « jusqu'au jour où la légitimité capétienne n'aurait plus d'autre fondement que le fait dynastique » (Y. Sassier).

1027 : Inauguration de la règle de primogéniture : Robert le Pieux, ayant perdu Hugues, son fils aîné associé au trône, lui choisit pour successeur Henri, premier des puînés. La règle de primogéniture était destinée à éviter le partage du royaume comme au temps des Mérovingiens ou des Carolingiens. Elle affirmait implicitement le caractère indivisible de la Couronne et montrait que le royaume n'était point propriété du Roi. La royauté était fonction viagère exercée dans le cadre d'une succession indivisible.

1179 : Peu avant sa mort, Louis VII fait élire et sacrer son fils Philippe Auguste. C'est le dernier exemple d'association avec sacre préalable. Le principe héréditaire est acquis.

1250 (vers) : Saint Louis détache de sa *Curia** une cour de justice, le Parlement*. Malgré l'homonymie, ce n'est point là, contrairement au cas d'outre-Manche, une assemblée politique.

1275 (vers) : *Les Établissements de saint Louis*, compilation d'ordonnances. Elles marquent la prééminence de la justice royale et la croissante importance du droit romain en France.

1280 (vers) : *Coutumes de Beauvaisis* par Philippe de Beaumanoir, somme de droit* privé rédigée en français.

1302 : Première réunion – par Philippe le Bel – d'états* généraux du royaume (10 avril). Suivront notamment ceux de 1484 (Tours), 1560 (Orléans), 1576 (Blois), 1588 (Blois), 1593 (Paris, états de la Ligue), 1614 (Paris), 1789 (Versailles).

1303 : A Anagni Guillaume de Nogaret, envoyé de Philippe le Bel, assigne le pape Boniface VIII à comparaître devant un concile* (7 sept.). Les légistes* du Roi revendiquent pour lui la « plénitude de juridiction », la souveraineté.

1316 : Après la mort de Louis X le Hutin et de son fils posthume Jean Ier, les dignitaires reconnaissent Philippe (V le Long), frère de Louis X et déjà Régent. Or le Hutin a d'un premier lit laissé une fille, Jeanne, future reine de Navarre, dont les droits sont négligés. La loi de succession s'est enrichie de deux règles : 1° les filles sont exclues du trône (c'est ce qu'on appellera, à compter de 1358, la « loi salique ») et 2°, en cas d'absence de descendants mâles directs, le plus âgé des frères du souverain défunt lui succède. Le droit royal est devenu indépendant du droit féodal.

1328 : Mort de Charles IV le Bel. Il ne laissait que des filles. Appuyée sur la tradition de masculinité, une assemblée de dignitaires décida que la Couronne devait passer à son cousin Philippe de Valois, aîné de la branche collatérale aînée. On sait que le roi d'Angleterre Édouard III, fils d'Isabelle de France (fille elle-même de

Philippe le Bel) et d'Édouard II, s'attribua pourtant en 1340 le titre de roi de France, au motif que la proximité de parenté aurait dû passer avant la masculinité. Il en résulta l'intensification de la guerre de cent ans (1337-1453).

1349 : Le Dauphiné est rattaché au royaume, à charge pour le fils aîné du Roi de porter toujours le titre de Dauphin.

1355 : Albert II le Sage abolit, dans la succession monarchique des Habsbourg, le principe de primogéniture.

1358 loi salique

1374 : Charles V fixe à treize ans la majorité* des Rois (août).

1376-1378 : *Le Songe du vergier*, somme politique inspirée par Charles V, insiste sur la souveraineté temporelle du Roi.

1410-1435 : « La maudite guerre » entre Armagnacs et Bourguignons divise dangereusement le royaume.

1419 : *Tractatus* de Jean de Terrevermeille. Ils définissent la coutume royale, source du droit* public, « supérieure à toute raison ou volonté individuelle » (J. Barbey). Ils précisent que la Couronne est successible et indisponible : le Roi ne peut renoncer au trône, ni en exclure son fils. Avant la signature du honteux traité de Troyes, un juriste loyal avait préparé le contre-feu.

1420 : Par le traité de Troyes (20-21 mai), Charles VI prétend déshériter le Dauphin Charles, au profit de Henri V d'Angleterre qui s'apprête à épouser Catherine de France, fille aînée du roi de France. Mais ce n'est pas en qualité de gendre que le prince anglais est censé devenir l'« héritier du roi de France ». Charles VI, anticonstitutionnellement, a fait de Henri V « son successeur, en l'adoptant : paradoxal hommage à l'hérédité et à la masculinité ! » (J. Barbey).

1429 : Sacre de Charles VII, à Reims où le Roi a été entraîné par Jeanne d'Arc (17 juill.).

1467 : Louis XI accorde l'inamovibilité aux offices*.

1475 : La paix de Picquigny suggère la renonciation du roi d'Angleterre à ses prétentions au trône de France (29 août).

1481 : Louis XI hérite du Maine, de l'Anjou et du comté de Provence (11 déc.).

1482 : La paix d'Arras (23 déc.) confirme tacitement l'annexion par Louis XI en 1477 de la Bourgogne et de la Picardie.

1491 : Charles VIII épouse Anne de Bretagne (6 déc.).

1499 : Mariage de Louis XII et d'Anne de Bretagne (8 janv.).

1506 : Les états généraux proclament Louis XII « père du peuple » (14 mai).

1515 : Avènement de Francois Ier. – Victoire de Marignan.

1516 : Concordat de Bologne au sujet de l'Église de France (18 août). Il fut approuvé par le concile de Latran (19 déc. 1516), mais le Parlement ne l'enregistra que le 22 mars 1518.

1519 : *La Grand Monarchie de France*, par Claude de Seyssel.

1532 : François Ier rattache la Bretagne à la France.

1539 : Ordonnance* de Villers-Cotterêts (août), qui impose à la justice l'usage du français et réglemente la tenue des registres paroissiaux (l'état civil avant la laïcisation).

1541 : Première édition française de l'*Institution de la religion chrétienne* (1536) de Jean Calvin.

1545-1563 : Le concile de Trente s'efforce de faire barrage au protestantisme, de réformer l'Église et de lui insuffler une force spirituelle rénovée. Il apporte un argumentaire et renforce la contre-Réforme, ou réforme catholique.

1558 : Henri II réunit une assemblée de notables*. Il y en aura d'autres, notamment en 1596, 1617, 1626, 1787 et 1788.

1560 : Grande ordonnance réformatrice d'Orléans.

1562-1598 : Guerres de religion en France. En d'autres pays elles ne cessèrent qu'en 1648.

1576 : Jean Bodin publie les *Six livres de la République*. – États* généraux de Blois (6 déc. 1576-févr. 1577).

1579 : Grande ordonnance de Blois.

1588 : Par l'« édit d'Union » (21 juill.), Henri III précise une règle fondamentale de la succession royale, jusques alors implicite, celle de catholicité. – États généraux de Blois (16 oct. 1588 - 16 janv. 1589). – Henri III fait exécuter Henri, duc de Guise (23 déc.).

1589 : Henri III meurt assassiné (2 août). Henri de Navarre, son cousin au vingt et unième degré, devient le Roi Henri IV. – La Ligue, elle, reconnaît pour Roi l'oncle et parrain de Henri de Navarre, Charles, cardinal de Bourbon, par ses soins proclamé Charles X.

1590 : Mort de « Charles X » (9 mai).

1591 : La Ligue se donne pour « Reine » la fille de Philippe II d'Espagne, l'infante Isabelle-Claire-Eugénie, aînée des petits-enfants de Henri II.

1593 : États généraux de la Ligue à Paris ; au nom de la règle de catholicité, ils remettent en cause la « loi salique ». – Le Parlement, au contraire, vote le célèbre « arrêt du président Le Maistre » (28 juin), qui prend en compte, à égalité, la loi salique et celle de catholicité. Cela veut dire que Henri IV, successeur légitime de Henri III, ne deviendra Roi légitime que s'il se fait catholique. – Henri IV abjure à Saint-Denis (25 juillet).

1594 : A Chartres, sacre de Henri IV (27 févr.).

1598 : L'édit de Nantes (13 avril) met un terme aux guerres de religion. Il accorde aux réformés un privilège unique au monde de tolérance* civile, augmenté de nombreuses garanties politico-militaires (chambres de l'Édit, places de sûreté, etc.). – Paix de Vervins avec l'Espagne (2 mai).

1601 : La paix de Lyon avec la Savoie donne à la France la Bresse, le Bugey, Gex et le Valromey ; un boulevard assurant la protection de Lyon, capitale économique du royaume.

1604 : La « paulette »* (12 déc.), édit sur la transmission – désormais plus aisée – des offices*.

1608 : *Traité des seigneuries*, par le juriste Loyseau.

1610 : Assassinat de Henri IV (14 mai) et avènement de Louis XIII. – Lit* de justice déférant la Régence* à la Reine mère Marie de Médicis (15 mai). – Sacre de Louis XIII (17 oct.).

1614 : Lit de justice de la majorité* de Louis XIII (2 oct.). – États généraux (27 oct. 1614 - 23 févr. 1615), les derniers avant 1789.

1618-1648 : La guerre de trente ans perturbe l'Europe.

1620 : La Navarre est réunie à la Couronne.

1621-1629 : Guerres protestantes du Midi.

1624 : Richelieu entre au Conseil* (29 avril).

1627: Révolte de La Rochelle (sept. 1627 - 28 oct. 1628).

1629 : Code* Michau (janv.). – L'édit de grâce de Nîmes, dit paix d'Alès, met un terme aux soulèvements protestants (28 juin). – Richelieu devient premier* ministre (21 nov.).

1630 : Journée des dupes (11 nov.) ; Richelieu, menacé de renvoi, en sort très renforcé.

1632 : *Traité de la souveraineté du Roi*, par Cardin Le Bret.

1635 : La France entre dans la guerre de trente ans.

1636-1643 : Aggravation des révoltes populaires (croquants, « nu-pieds », etc.) répondant à une terrible augmentation des impôts royaux.

1637 : *Discours de la méthode*, par René Descartes.

1642 : Mort de Richelieu (4 déc.) ; Mazarin premier ministre.

1643 : Mort de Louis XIII (14 mai), avènement de Louis XIV. – Lit* de justice déférant la Régence* à la Reine mère Anne d'Autriche (18 mai).

1644 : La monarchie augmente fort les privilèges de la robe*. C'est l'octroi de la noblesse* au premier degré aux magistrats du parlement de Paris (juillet), aux maîtres* des requêtes (10 août 1644), aux magistrats de la chambre* des comptes de Paris (janv. 1645), à ceux de la cour* des aides (sept. 1645). A terme, c'est la principale cause de la Fronde, le Parlement, fier de sa gloire neuve, ne songeant qu'à l'étendre par des conquêtes politiques.

1648-1653 : La Fronde. La révolte, partie de Paris, s'étend à presque tout le royaume.

1648 : La paix de Westphalie (24 oct.) donne à la France la haute Alsace et lui confirme la possession des Trois-Évêchés.

1651 : Lit de justice de la majorité de Louis XIV (7 sept.). – A Londres, publication par Hobbes de *Leviathan*, affirmation du pouvoir absolu de l'État.

1659 : La paix des Pyrénées (7 nov.), conclue entre la France et l'Espagne, augmente le royaume de l'Artois « cédé » (Arras), du Luxembourg français (Thionville, Montmédy), du Roussillon et de la Cerdagne.

1661 : Mort de Mazarin (9 mars). – Louis XIV gouverne lui-même (10 mars). – Réorganisation du conseil* du Roi (mars-avril). – Arrestation de Fouquet (5 sept.) que suivra la suppression de la surintendance* des finances.

1662 : Le Roi achète Dunkerque à Charles II Stuart (oct.).

1665 : Colbert, contrôleur* général (1665-1683).

1666 : Grande recherche de noblesse (1666-1674).

1667 : Création de la lieutenance de police de Paris (mars). – Grande ordonnance civile, ou « Code Louis » (avril).

1668 : Terminant la guerre dite de dévolution, la paix d'Aix-la-Chapelle assure au royaume Lille et la Flandre française.

1669 : Grande ordonnance des eaux et forêts (août).

1670 : Grande ordonnance criminelle, ou « Code Louis » (août).

1671 : *Instructions* pour la formation du Dauphin, ou Mémoires de Louis XIV.

1673 : Déclaration limitant les pouvoirs du Parlement (24 févr.) ; le Parlement désormais doit enregistrer les actes* royaux avant toute remontrance*. – Grande ordonnance pour le commerce (mars).

1674 : Louis XIV encourage Louvois à inaugurer la « stratégie* de cabinet ».

1675-1676 : Révolte bretonne du papier timbré.

1675 : L'« ordre* du tableau » diminue l'importance de la naissance dans la hiérarchie militaire.

1677 : *L'Éthique*, somme philosophique posthume du Hollandais Spinoza († 1677), inaugure une « crise de la conscience européenne » (1680-1715), annonciatrice des Lumières.

1678-1679 : Les traités de Nimègue mettent fin à la guerre de Hollande (1672-1679). La frontière Nord est rectifiée : acquisition du Cambrésis, du Hainaut français (Maubeuge, Valenciennes), de l'Artois « réservé » (Aire, Saint-Omer). L'Espagne cède la Franche-Comté à la France.

1679-1681 : Politique annexionniste des « réunions ».

1679 : Louis XIV réglemente les études juridiques. A l'étude de « l'un et l'autre droit » (canonique et romain), il ajoute un enseignement de droit français (avril).

1681 : Grande ordonnance de marine (août). – La France impose sa souveraineté à Strasbourg (30 sept.) et à la basse Alsace.

1682 : Déclaration gallicane* des quatre articles (19 mars). – Le Roi et la Cour se fixent à Versailles (6 mai).

1685 : Le « Code noir », grande ordonnance sur le fait des colonies* (mars). – Révocation de l'édit de Nantes (17 oct.) : l'exercice de la religion réformée est interdit en France. Deux cent mille protestants vont quitter le royaume.

1688 : « Glorieuse révolution » d'Angleterre ; Guillaume d'Orange détrône Jacques II Stuart (oct.-déc.).

1689 : Ordonnance pour les armées navales (5 avril).

1690 : John Locke, *Essai philosophique concernant l'entendement humain.*

1693 : Louis XIV crée l'ordre royal et militaire de Saint-Louis.

1695-1697 : *Dictionnaire historique et critique* de Bayle.

1695 : Instauration de la capitation, impôt que doivent payer nobles et roturiers* (18 janv.). – Édit pour généraliser l'instruction élémentaire (avril).

1697 : Pour l'édification du duc de Bourgogne, Beauvillier réclame aux intendants* un état des généralités*. – La paix de Ryswick met fin à la guerre de la ligue d'Augsbourg (1688-1697). La France se voit confirmée dans la possession de l'Alsace.

1699 : *Les Aventures de Télémaque* par Fénelon.

1700 : Mort de Charles II d'Espagne (1er nov.). Il a choisi pour successeur Philippe, duc d'Anjou, petit-fils de Louis XIV.

1702-1714 : Guerre de succession d'Espagne.

1709 : Louis XIV lance un appel à son peuple, afin de justifier la poursuite de la guerre (12 juin). – Expulsion des moniales de Port-Royal (29 oct.). – Publication de *La Politique tirée des propres paroles de l'Écriture sainte*, par Bossuet († 1704), ouvrage en chantier depuis 1677.

1710 : Le « dixième », nouvel impôt frappant nobles et roturiers (14 oct.).

1711 : *Tables de Chaulnes*, programme politique dû à Fénelon et au duc de Chevreuse, à l'intention du duc de Bourgogne († 1712), Dauphin depuis la mort de Monseigneur (1711), son père.

1712 : Sous la contrainte des événements, Philippe V renonce, anticonstitutionnellement, à ses droits à la couronne de France (5 nov.).

1713 : Par la paix d'Utrecht (11 avril), la France abandonne Saint-Christophe, Terre-Neuve et l'Acadie. – La bulle* *Unigenitus* (8 sept.), souhaitée par Louis XIV, condamne si fort le père Quesnel qu'elle va transformer les jansénistes en opposants et bientôt faire de ces intégristes les alliés des « philosophes ».

1714 : Par la paix de Rastatt (6 mars), la France conserve Strasbourg et Landau, mais l'Empereur gagne la Belgique, la Lombardie, la Toscane et les Deux-Siciles. – Démission du chancelier* (1699-1714) Pontchartrain (2 juill.). – Édit anticonstitutionnel, déclarant aptes à succéder au trône les princes* légitimés (juill.). Cette mesure sera confirmée par la déclaration du 23 mai 1715, mais révoquée en juillet 1717. – Réunion de Barcelonnette à la France (30 déc.).

1715 : Mort de Louis XIV (1er sept.). Avènement de Louis XV ; Philippe, duc d'Orléans, neveu du défunt Roi, assurant la Régence* (1715-1723). – Le 2 septembre, le Parlement modifie certaines volontés de Louis XIV. Le pouvoir du Régent est renforcé. – En échange, est rendu au Parlement l'usage de son droit de remontrance (15 sept.).

1715-1723 : Régence du duc d'Orléans.

1715-1718 : La « polysynodie »* redonne à la haute noblesse le goût du pouvoir.

1716-1720 : Système de Law.

1722 : Retour de la Cour à Versailles (15 juin). – Sacre de Louis XV (25 oct.).

1723 : Lit de justice de la majorité du Roi.

1725 : Louis XV épouse Marie Leczinska (5 sept.).

1726-1743 : Fleury fait fonction de premier ministre.

1726 : Fixation de la livre tournois (14 juin). – Organisation moderne de la ferme* générale des impôts (19 août).

1727 : *Histoire de l'ancien gouvernement de France*, par le comte de Boulainvilliers.

1728 : Mise en place du journal janséniste clandestin, les *Nouvelles ecclésiastiques* (1728-1803).

1730-1757 : Agitation parlementaire liée au jansénisme.

1736 : Stanislas Leczinski († 1766) confie à la France l'administration du duché de Lorraine (30 sept.).

1738 : Le traité de Vienne (2 mai) fait de Louis XV l'arbitre de l'Europe. – Le contrôleur général Orry impose la corvée* royale des grands chemins (13 juin).

1743-1777 : Les Trudaine père et fils administrent les ponts* et chaussées.

1748 : Création de l'école du génie de Mézières (mai). – Le traité d'Aix-la-Chapelle (18 oct.-20 nov.) conclut la guerre de succession d'Autriche (1740-1748) : pour la France, une paix blanche. – *L'Esprit des lois* de Montesquieu (nov.).

1749-1750 : Machault d'Arnouville tente d'imposer l'impôt (sur le revenu) du « vingtième » à tout le monde, Clergé y compris.

1750 : Démission du chancelier* (1717-1750) d'Aguesseau.

1751 : Création de l'école royale militaire (janv.). – Publication par Diderot et d'Alembert du tome premier (juillet) de l'*Encyclopédie* (1751-1765). – Le Roi excepte le Clergé du vingtième (23 déc.).

1752-1757 : Affaire des « billets de confession » imposés aux mourants suspects de jansénisme ; recrudescence de l'agitation des cours souveraines. Les *Lettres historiques* de Le Paige (1753-1754) apportent aux prétentions politiques des magistrats une base pseudo-historique.

1756 : Renversement des alliances (1er mai) ; la France s'allie aux Habsbourg de Vienne. – *L'Ami des Hommes*, par le marquis de Mirabeau.

1757 : Régicide manqué par Damiens (5 janv.). – Disgrâce de Machault (1er févr.).

1758-1770 : Influence prépondérante de Choiseul et reprise de l'agitation parlementaire.

1758 : *Tableau économique*, par le physiocrate* Quesnay.

1759 : Règlement des honneurs* de la Cour (31 déc.).

1760 : Organisation de l'école des ponts* et chaussées (ébauchée en févr. 1747).

1761 : Pacte de famille entre les souverains Bourbons (15 août).

1762 : *Le Contrat social* de Rousseau.

1763 : Par le traité de Paris (10 févr.), achevant la guerre de sept ans (1756-1763), la France perd le Canada et la Louisiane.

1764 : *Dictionnaire philosophique* de Voltaire. – Proscription de la compagnie de Jésus (nov.).

1765 : Création de l'école du génie maritime (15 mars).

1766 : La France prend possession de la Lorraine (févr.). – Lit de justice dit de la Flagellation* (3 mars). – Commission des réguliers* (1766-1780).

1768 : Gênes cède la Corse à la France (15 mai). – Maupeou (1714-1792) devient Chancelier (18 sept.). – Première forme de la future (1783) école des mines.

1770 : Édit rappelant vainement au Parlement les limites de son rôle législatif (déc.). – Disgrâce de Choiseul (24 déc.). Mise en place du « triumvirat »*.

1771 : Exil des parlementaires. Démantèlement du Parlement, création de conseils* supérieurs. Suppression de la vénalité des offices de judicature. Gratuité de la justice. Mise en place du « Parlement Maupeou » (janv.-avril).

1774 : Mort de Louis XV (10 mai) ; avènement de Louis XVI (1754-1793). – Maurepas est rappelé d'exil (12 mai). – Démission de Terray, exil de Maupeou et nomination de Turgot comme contrôleur général. – Édit sur la libre circulation des grains (13 sept.). – Lit de justice pour le rétablissement de l'ordre parlementaire ancien (12 nov.).

1775 : Guerre des farines (27 avril-10 mai). – Saint-Germain, ministre de la guerre (27 oct.) : il démantèle la maison* militaire du Roi (déc.).

1776 : Lit de justice imposant les réformes de Turgot, l'abolition des corporations*, la suppression de la corvée*, etc. (12 mars). – Disgrâce de Turgot (12 mai). – Déclaration d'indépendance américaine (4 juill.). – *La Richesse des nations*, par Adam Smith.

1777 : Necker, « directeur général » des finances (29 juin) ; il supprime aussitôt les intendants* des finances.

1778 : Alliance de Louis XVI avec les États-Unis (6 févr.).

1781 : Démission de Necker (19 mai).

1783 : Traité de Versailles (sept.). Les États-Unis

d'Amérique sont indépendants ; la France, triomphante et ruinée. – Calonne, contrôleur général (3 nov.).

1786 : Traité de commerce Eden-Rayneval (26 sept.) réglant les échanges entre la France et l'Angleterre, au prix de concessions mutuelles.

1787 : Assemblée des notables* (22 févr.-25 mai). Renvoi de Calonne (8 avril). – Louis XVI capitule devant les notables (23 avril). – Appel à Brienne (1er mai). – Loménie de Brienne, principal ministre (26 août). – Constitution des États-Unis (27 sept.). – Édit en faveur des non-catholiques (nov.).

1788 : Enregistrement de l'édit de tolérance* (29 janv.). – Réforme judiciaire de Lamoignon, qui enlevait au Parlement son droit de remontrance (mai-14 sept.). – Déclaration par le Parlement des « droits de la nation » (3 mai). – Lit de justice (8 mai). – Journée des tuiles (7 juin). – Appel de Brienne à l'opinion publique (5 juill.). – Grêle catastrophique (13 juill.). – Assemblée de Vizille (21 juill.). – Édit de subvention générale (30 juill.). – Convocation des états généraux promis pour le 1er mai 1789 (8 août). – Transfert du Parlement à Troyes (15 août). – Renvoi de Brienne (25 août), remplacé par Necker. – Necker rappelle les notables (6 nov.). Un fameux « résultat du Conseil » paraît substituer la volonté de Necker à celle du Roi (27 déc.).

1789 : *Qu'est-ce que le tiers état ?* par l'abbé Sieyès (janv.). – Règlement pour les états généraux (24 janv.). – Assemblées électorales ; rédaction des cahiers de doléances (mars). – Ouverture à Versailles des états généraux (5 mai). Les députés du Tiers prennent le nom de « Communes » (6 mai). – Quelques prêtres rejoignent les députés du Tiers (13 juin). – Le Tiers se proclame « assemblée nationale » (17 juin). – Le Clergé décide de le rejoindre (19 juin). – Serment du jeu de paume (20 juin). – Séance royale, d'apparence fort autoritaire mais au cours de laquelle Louis XVI accumule les concessions (23 juin). – Le Roi invite Clergé et noblesse à rejoindre le Tiers (27 juin). « C'est entre le 17 et le 27 juin 1789 que Louis XVI a perdu le trône de ses pères, remplacé bientôt par un strapontin constitutionnel » (Frédéric Bluche et Stéphane Rials). – L'Assemblée se proclame « constituante » (9 juill.). – Renvoi de Necker (11 juill.). – Prise de la Bastille* (14 juillet). – Le départ du comte d'Artois et des Condés (15 juill.) donne le signal d'une première vague d'émigration. – Rappel de Necker (16 juill.). – Louis XVI à Paris accepte la cocarde tricolore (17 juill.). – La « grande peur », terrifiante jacquerie (fin juillet). – Abolition des droits* féodaux et seigneuriaux (décidée le 4 août, précisée avec restrictions dans le décret du 11). – Premiers textes de la « constitution de 1791 » (20 août-1er oct.). – Vote (26 août) de la *Déclaration des droits de l'Homme et du Citoyen.* – Émeute frumentaire et politique ; Versailles est envahi par la foule ; la famille royale amenée à Paris (5 et 6 octobre). – Mise à la disposition de la nation des biens du Clergé (2 nov.).

1790 : Constitution civile du Clergé (12 juillet).

1791 : Constitution de 1791 (3 sept.).

1792 : Procès de Louis XVI (11 déc. 1792 - 18 janv. 1793).

1793 : Exécution de Louis XVI (21 janvier).

LA SUCCESSION DES RÈGNES

Valois (Suite des) :

CHARLES VII (1403-1461). Roi en 1422, fils de Charles VI et d'Isabeau de Bavière. Il est fortement aidé par Jeanne d'Arc. Il crée une armée permanente (1445, cavalerie des compagnies d'ordonnance ; 1448, infanterie des francs-archers), voit s'achever la guerre de cent ans, récupère la Normandie et la Guyenne.

LOUIS XI (1423-1483). Roi en 1461, fils du précédent et de Marie, héritière d'Anjou. Il tient les grands en échec, garantit le caractère inamovible des offices, encourage l'activité économique, agrandit le royaume. Il obtient par héritage l'Anjou, le Maine et la Provence. Il s'empare du duché de Bourgogne et de la Picardie.

CHARLES VIII (1470-1498). Roi en 1483, fils du précédent et de Charlotte de Savoie. Après une Régence (1483-1491) exercée par sa sœur Anne, dame de Beaujeu, Charles VIII s'est intéressé moins à la France qu'à l'Italie, mais en épousant Anne de Bretagne il a préparé l'agrandissement du royaume.

Valois-Orléans :

LOUIS XII (1462-1515). Roi en 1498, cousin du précédent. (Louis de France, troisième fils de Charles V, marié à Valentine Visconti, eut pour fils le poète Charles d'Orléans [1391-1465], marié à Marie de Clèves qui lui donna le futur Louis XII.) Comme Charles VIII, Louis XII épousa Anne de Bretagne. Comme lui il se laissa absorber par le rêve italien. Mais Louis XII s'occupa aussi d'un royaume de France en pleine prospérité, et il diminua le poids des tailles*.

Valois-Angoulême :

FRANÇOIS Ier (1494-1547). Roi en 1515, cousin et gendre du précédent. Fils de Charles d'Orléans († 1496), lui-même fils de Jean d'Orléans († 1467) et petit-fils de Louis de France et de Valentine Visconti déjà nommés. François Ier, bâtisseur et mécène, conclut avec Rome un concordat (1516*), termina avantageusement les guerres d'Italie, rivalisa avec Charles Quint, écarta du royaume la tentation de la Réforme. On lui doit la création des « lecteurs royaux » (1530), noyau du collège de France, le bureau des parties* casuelles, les rentes de l'Hôtel de Ville.

HENRI II (1519-1559). Roi en 1547, fils du précédent et de Claude de France. Marié à Catherine de Médicis (1519-1589). Comme son père, Henri II affronte Charles Quint. La France s'empare en 1552 de Metz, Toul et Verdun, les « Trois-Évêchés ». Le Roi crée les secrétaires* d'État, les présidiaux*, les premiers intendants*.

FRANÇOIS II (1544-1560). Roi le 10 juillet 1559, fils du précédent et de Catherine de Médicis. Il régna dix-sept mois sur un royaume déchiré entre la faction catholique des Guises et le parti protestant (Bourbons et Condé).

CHARLES IX (1550-1574). Roi le 5 décembre 1560, frère du précédent. Pendant la Régence de sa mère (1560-1563), le massacre de Wassy (mars 1562) inaugure la longue crise des guerres de religion (1562-1598), envenimée par les massacres de la Saint-Barthélemy (24-27 août 1572).

HENRI III (1551-1589). Roi le 30 mai 1574, mort le

2 août 1589, frère du précédent. Il était roi de Pologne – « le roi malgré lui » – depuis 1573. Il fut le dernier Valois. Son règne correspondit avec les pires déchirements d'un royaume où s'affrontaient la Ligue (parti catholique de la maison de Guise) et l'union calviniste (les huguenots de Henri de Navarre). N'ayant pas d'enfant de Louise de Vaudemont, et sachant que la Ligue refuserait le jeu de la loi de succession puisque Henri de Navarre était réformé, le Roi ne vit d'autre solution que faire abattre un troisième Henri, le duc de Guise (1588). Il fut lui-même assassiné un an plus tard, poignardé par Jacques Clément, moine jacobin fanatisé. Henri III avait créé en 1578 l'ordre du Saint-Esprit.

Bourbons :

HENRI IV (1553-1610). Roi en 1589, beau-frère du précédent. Henri de Bourbon, roi de Navarre (fils d'Antoine de Bourbon et de Jeanne d'Albret), descendait de Robert de France (1256-1318), comte de Clermont et sire de Bourbon, dernier fils de saint Louis. En 1589 il était l'aîné des descendants de Hugues Capet en ligne masculine. Catholique en 1593, sacré en 1594, Henri IV mit fin, avec l'édit de Nantes (1598*), aux guerres de religion. Son règne se voulut d'apaisement et de reconstruction après quarante ans de guerre civile. Ministre et ami du Roi, Sully rétablit les finances et stimula l'économie (« Labourage et pâturage sont les deux mamelles dont la France est alimentée et les vrais mines et trésors du Pérou »). Henri IV conclut à Vervins (1598) une paix avec l'Espagne ; paix blanche, mais qui confirmait l'annexion de Calais par la France. Surtout, par le traité de Lyon, il se fit céder par le duc de Savoie quatre petites provinces de langue française : Bresse, Bugey, Valromey et pays de Gex (1601). Poussé par Sully, le Roi édicta la « paulette » (1604), assurant l'hérédité et renforçant la vénalité des offices. Sa popularité, immense, fut – on l'oublie – posthume : « Seul Roi de qui le pauvre ait gardé la mémoire » (Gudin de la Brenellerie). En effet, en butte à des complots et à des tentatives d'assassinat (la dernière, celle de Ravaillac, hélas, réussit !), Henri IV, souverain autoritaire, eut contre lui anciens ligueurs et huguenots irréductibles.

LOUIS XIII (1601-1643). Roi en 1610, fils du précédent et de Marie de Médicis. Sacré dès 1610. Déclaré majeur après la Régence agitée de sa mère (1610-1614), Louis XIII se débarrassa de Concini, dut lutter contre la Reine mère et contre la haute noblesse, avant de confier à Richelieu l'essentiel du pouvoir (1624-1642). Du Cardinal, le Roi dira qu'il le jugeait « le plus grand serviteur que jamais la France ait eu ». Richelieu eut un triple programme : abaisser et discipliner les grands, réduire les protestants, desserrer l'étau de la maison d'Autriche. Il y réussit, pour le plus grand profit de l'autorité royale. Agités de 1621 à 1629, les protestants du Midi avaient perdu toutes chances dès la chute de La Rochelle. Les grands, qui animèrent complot sur complot jusqu'à la mort de Richelieu, furent matés (la Fronde sera une ultime tentative de subversion). Restait la maison d'Autriche. Après plusieurs années de « guerre couverte », la France en vint à la « guerre ouverte » (1635-1648), participant à la guerre de trente ans dans le camp protestant contre l'Empereur et l'Espagne. Richelieu dut augmenter les impôts pour soutenir l'effort de guerre, et il en résulta nombre de révoltes populaires (1624-1640). Mais, les Habsbourg tenus en échec, la France devenait une grande puissance européenne. La fondation de l'académie française (1635) contribua à son prestige. En dépit des guerres et de l'agitation intérieure, le pouvoir royal avait rodé ses institutions modernes (comme celle des intendants*). En 1621 Louis XIII avait écrit : « Ma résolution est d'être obéi partout. » A sa mort, « le Roi était partout obéi » (P. Chevallier).

LOUIS XIV (1638-1715). Roi en 1643, fils du précédent et d'Anne d'Autriche. Majeur en 1651, Louis XIV, qui subit de 1648 à 1653 l'épreuve de la Fronde, eut Mazarin pour premier ministre jusqu'en 1661. Ce dernier, comme Richelieu, dut affronter l'assaut des grands et faire face à des révoltes anti-fiscales. Il ne fit point progresser les institutions (« Le désordre régnait partout », écrira Louis XIV), mais fut grand diplomate, maître en stratégie globale. Les traités de Westphalie (1648*) confirmèrent l'annexion des Trois-Évêchés et donnèrent à la France la haute Alsace et des droits sur la « Décapole »*. Par le traité des Pyrénées, conclu avec l'Espagne en 1659, le royaume gagna l'Artois « cédé » (Arras), Montmédy, Thionville, le Roussillon et la Cerdagne.

Dès la mort de Mazarin, Louis XIV décida de gouverner lui-même, et s'y tint. Créateur de Versailles, protecteur des lettres et des arts, on sait qu'il donnera son nom au XVIIe siècle (Charles Perrault le dit, Voltaire le confirma).

A l'intérieur, tout en maintenant les privilèges de la robe*, le Roi brida le Parlement, diminuant son droit de remontrance. Dès 1661 il donna au Conseil* une forme équilibrée qui subsista cent vingt-huit ans. Il sut doser la part de ce Conseil et celle des chefs de département (Chancelier, contrôleur général, secrétaires* d'État, directeur des fortifications, surintendant des Bâtiments, lieutenant* général de police, etc.) pour éviter tout despotisme ministériel. Pour sa part, il gouverna « par grand conseil », fidèle au programme de Claude de Seyssel. Saint-Simon assure que Louis, en cinquante-quatre ans de règne personnel, n'outrepassa que six fois l'avis majoritaire des ministres d'État (ou membres du conseil d'en haut). Confiée à des intendants compétents, l'administration rétablit l'ordre et la sécurité. Le Roi encouragea l'assistance, multiplia les hôtels-Dieu et les hôpitaux généraux, fonda l'hôtel des Invalides. Il développa l'enseignement du droit, fit du jardin des Plantes un institut de recherche, créa des académies (inscriptions, sciences, architecture), réclama la création d'une école par paroisse (1695, 1698). L'armée fut modernisée par Le Tellier et son fils Louvois. La marine royale, confiée à Colbert, devint très forte et la mieux administrée du monde. Ces réformes furent, au début, facilitées par la popularité d'un Roi à qui les Français étaient reconnaissants d'avoir su restaurer la paix intérieure. Au reste, la dernière grande révolte populaire avant la Révolution, celle de Bretagne, date de 1675. Personne n'aurait mis au passif du règne les épidémies et la mortalité résultant des rudes hivers de 1693 et 1709. De même, le peuple se soucia peu de la persécution, inutile et cruelle, des jansénistes – catholiques trop zélés – de 1661 à 1668 et de 1705 à 1715 ; non plus que de la brutale révocation (1685) de l'édit de Nantes (1598*) qui depuis Henri IV protégeait la minorité protestante. En revanche, l'œuvre de codification des grandes ordonnances* (Code Louis de 1667 et 1670, code forestier, code de commerce, code noir, ordonnance de marine) frappa les imaginations. Quant à l'instauration de la capitation* (1695*) et du dixième (1710*), elle montra que le Roi, profitant des contraintes de l'effort de guerre, s'efforçait de diminuer l'inégalité fiscale.

Reste le chapitre des guerres. Il y en eut quatre, dont trois fort longues. Elles furent cependant moins lourdes à supporter que l'état de guerre au temps de Richelieu et de Mazarin. Paradoxalement, ce Roi guerrier (que Leibniz surnommait *Mars christianissimus*) sembla en son temps relativement pacifique. Les Français avaient compris qu'on ne leur imposait pas la guerre pour rien. Le royaume s'était agrandi de Dunkerque par achat (1662). Il gagna Lille et la Flandre française après la guerre de dévolution (1668) ; l'Artois « réservé » (Saint-Omer), le Cambrésis, le Hainaut français (Maubeuge, Valenciennes), Givet, Longwy, la Franche-Comté après la guerre de Hollande (1679) ; Strasbourg et la basse Alsace à la fin de la guerre de la ligue d'Augsbourg (1697). Le « pré carré » de Louis XIV, défendu par la « ceinture de fer » de Vauban, allait mettre le royaume à l'abri de l'invasion pour quatre-vingts ans, de 1712 à 1792.

LOUIS XV (1710-1774). Roi en 1715, arrière-petit-fils du précédent (Louis XIV avait eu de Marie-Thérèse d'Autriche Louis de France, dit Monseigneur ou le grand Dauphin. Celui-ci avait épousé Marie-Anne-Christine-Victoire de Bavière, qui lui avait donné le duc de Bourgogne. Ce dernier, marié à Marie-Adélaïde de Savoie, perdit ses deux aînés. Louis XV était son troisième fils). – Après la Régence* du duc d'Orléans, qui permit à la France de respirer, au lendemain de l'interminable guerre de succession, mais vit renaître une opposition parlementaire oubliée depuis la Fronde, Louis XV accorda *de facto* une autorité de premier ministre au sage cardinal Fleury (1726-1743), qui sut utiliser les talents du contrôleur général Orry (1730-1745). « Je regarde, écrira sous Louis XVI l'abbé de Véri, je regarde le règne de Louis XV comme l'époque la plus heureuse de notre histoire. » Les villes sont embellies, l'agriculture stimulée, le commerce maritime et colonial intensifié. L'instruction progresse. L'enrichissement est général.

Mais le Roi, trop cantonné à Versailles, est moins proche de son peuple que les trois premiers Bourbons. Il est éloigné des provinces. Il est coupé de Paris, capitale intellectuelle et artistique de l'Europe. Louis XV ne mesure pas assez le développement de l'esprit public (ouvrages des physiocrates*, *Encyclopédie* de Diderot, *Contrat social* de Rousseau). Trois partis deviennent menaçants. Le parti janséniste anime le parti du Parlement et ne craint pas de s'allier même au parti « philosophe ». – L'opposition parlementaire, à Paris mais aussi en province, s'intensifie journellement, en dépit de la rude mise au pas dite Flagellation* (1766). Alors, encouragé par le Roi, le chancelier Maupeou disloque la coalition des « longues robes » (1771), réforme la justice et donne à l'administration une forme équitable et moderne. Mais la mort de Louis XV en 1774 annule cette révolution institutionnelle. – Avant ces mesures trop tardives, le Roi avait tenté plusieurs réformes : le contrôleur général Machault d'Arnouville avait essayé de soumettre les trois ordres* à l'impôt du vingtième. Au reste, le règne avait vu le perfectionnement du droit public et privé par d'Aguesseau, les progrès des ponts* et chaussées, la création de grandes écoles. Les intendants de province avaient pratiqué avec succès une manière de despotisme éclairé, efficace et créateur.

Louis XV a échoué dans sa politique orientale, mais s'est allié à la cour de Vienne, et il a signé avec les autres souverains Bourbons le « pacte de famille » (1761). Il a perdu le Canada et la Louisiane, mais réuni la Lorraine et la Corse. A court terme, son règne fut positif. Mais ce Roi, pourtant intelligent, a laissé échapper la chance du régime. Il ne suffisait pas de neutraliser le Parlement. Encore eût-il fallu permettre à l'opinion de s'exprimer, officiellement ou officieusement ; peut-être au travers d'assemblées de notables*, peut-être en généralisant les états provinciaux. Il apparaît aujourd'hui que la spectaculaire intervention de Maupeou n'était qu'une demi-mesure.

LOUIS XVI (1754-1793). Roi en 1774, petit-fils du précédent. De son mariage avec Marie Leczinska, Louis XV avait eu Louis de France, Dauphin († 1765), marié à Marie-Josèphe de Saxe, qui lui donna Louis-Auguste, duc de Berry, futur Louis XVI. Louis XVI n'était pas l'aîné. Il n'était pas destiné à régner. Au reste, ni son caractère, ni sa formation fénelonienne ne le prédisposaient à affronter des situations délicates, puis dangereuses. Là où il aurait fallu Henri IV ou Louis XIV, le royaume n'eut pour le diriger qu'un jeune souverain timide et gauche, instruit et pieux, plein de soucis généreux et de bonne volonté ; mais ni homme d'État, ni homme d'action.

A peine Roi, il exila Maupeou et rappela les parlements, substituant à l'âge des réformes le temps de la « réformite », et exposant la monarchie aux coups des grands de la Cour et de la robe*. Cette complicité, qui avait été celle de la Fronde, fera échouer les principales mesures du règne, comme elle avait naguère paralysé Machault et gêné Maupeou.

En charge des finances en 1774, Turgot, ministre intègre mais doctrinaire, provoqua des émeutes (la « guerre des farines ») pour avoir imposé la liberté du commerce des grains. Il perdait ainsi d'avance le bénéfice de l'abolition (1776) de la corvée*. Cependant son plan de subvention* territoriale, heurtant les gros propriétaires, et la suppression des corporations firent tant de remous que le Roi renvoya Turgot (12 mai 1776). Le régime ne s'en remettra pas. Il y avait eu trop grand contraste entre les espoirs de réformes et une réalité irritante ; entre l'autorité déployée et la reculade du pouvoir.

Le Genevois Necker ne fit pas mieux (1777-1781), sinon donner une forme différente à ce « despotisme de la faiblesse ». Necker semblait « philosophe » (Turgot avait paru physiocrate*). Necker rédigeait des préambules d'édit faisant appel à l'opinion. Il créa deux assemblées provinciales représentatives, mais, en supprimant les utiles intendants* des finances, il fit du contrôle général un département omnipotent, un État dans l'État. En outre, Necker, à force d'expédients et d'emprunts, augmenta une dette publique déjà considérable. Comme l'Espagne de Philippe II, la France de Louis XVI, pays riche, avait un État pauvre.

Dans l'un et l'autre cas, les finances avaient été obérées par une politique extérieure ruineuse. Après avoir aidé les *Insurgents* des colonies d'Amérique en révolte contre le roi d'Angleterre, la France s'était engagée à leurs côtés (1778-1783) dans la guerre d'Indépendance. En agissant ainsi, Louis XVI réveillait le patriotisme et révélait la puissance de sa flotte, mais il rompait avec la solidarité des trônes, avalisait une démocratie, et rendait inextricables les problèmes financiers de l'État.

Pour redresser la situation, il aurait fallu un heureux concours de circonstances et une volonté gouvernementale stricte. Or la France souffrit du traité de commerce avec l'Angleterre (1786) – une Angleterre dont l'industrie dépassait la nôtre – et la grêle catastrophique de 1788 éprouva rudement le monde des campagnes. Surtout, les diverses catégories de privilégiés* se refusaient à tout sacrifice fiscal. Les ministres successifs (Calonne de 1783 à 1787, Brienne en 1787-1788) se heurtèrent à l'opposition de la Cour, de la robe, de la noblesse et des notables. La dernière ressource du pouvoir, puisque ce dernier n'osait pas jouer la carte du peuple contre les classes privilégiées, était la convocation pour 1789 d'états généraux, instance inusitée depuis 1614 mais qui semblait la solution miracle en cas de crise grave.

Il en résulta la Révolution.

N.B. Louis XVI fut et demeura populaire jusqu'en 1791. Il n'en alla point de même de son épouse, Marie-Antoinette de Lorraine-Habsbourg (1755-1793). Ses imprudences, sans gravité réelle, alimentèrent les médisances puis les critiques politiques visant la famille royale, la Cour et même le régime.

LECTURES UTILES

Il ne pouvait être question de présenter ici une bibliographie considérable. Chacun partira en chasse à son gré. L'un s'intéressera aux « sources » ou témoignages du temps ; tel autre fera une promenade – buissonnière mais instructive – à travers le champ des Lumières, en lisant ou en feuilletant les divers ouvrages, si intelligents, de l'Américain Robert Darnton, etc.

Nous nous contenterons ici de quelques titres :

ANTOINE (Michel), *Louis XV*, Paris, Fayard, 1989.

BABELON (Jean-Pierre), *Henri IV*, Paris, Fayard, 1982.

BARBEY (Jean), *Être Roi*, Paris, Fayard, 1992.

BLUCHE (François), *Dictionnaire du Grand Siècle*, Paris, Fayard, 1990.
~, *Louis XIV*, Paris, Fayard, 1986.
~ et SOLNON (Jean-François), *La Véritable Hiérarchie sociale de l'ancienne France*, Genève, Droz, 1983.

BURKE (Edmund), *Réflexions sur la révolution de France*, Paris-Londres, s.d.

CABOURDIN (Guy) et VIARD (Georges), *Lexique historique de la France d'ancien régime*, Paris, A. Colin, 1978.

CHARTIER (Roger), *Les Origines culturelles de la révolution française*, Paris, Le Seuil, 1990.

CHAUNU (Pierre), *La Civilisation de l'Europe classique*, Paris, Arthaud, 1966.

CHEVALLIER (Pierre), *Henri III*, Paris, Fayard, 1985.

CLOULAS (Ivan), *Henri II*, Paris, Fayard, 1985.

COCHIN (Augustin), *Les Sociétés de pensée et la démocratie moderne*, Paris, Copernic, 1978.

DUPÂQUIER (Jacques), *Histoire de la population française*, t. II. *De la Renaissance à 1789*, Paris, P.U.F., 1988.

ÉGRET (Jean), *La Pré-Révolution française*, Paris, P.U.F., 1962.

FURET (François), *Penser la révolution française*, Paris, Gallimard, 1978.

HAROUEL (Jean-Louis) et alia, *Histoire des institutions de l'époque franque à la Révolution*, Paris, P.U.F., 1987.

JACQUART (Jean), *François Ier*, Paris, Fayard, 1981.

LE ROY LADURIE (Emmanuel), *L'État royal (1460-1610)*, Paris, Hachette, 1987.
~, *L'Ancien Régime (1610-1770)*, Paris, Hachette, 1991.

MARION (Marcel), *Dictionnaire des institutions de la France aux XVIIe et XVIIIe siècles*, Paris, Picard, 1968.

OLIVIER-MARTIN (François), *L'Organisation corporative de la France d'ancien régime*, Paris, Sirey, 1938.

RICHET (Denis), *La France moderne : l'esprit des institutions*, Paris, Flammarion, 1973.

SOLÉ (Jacques), *La Révolution en questions*, Paris, Le Seuil, 1988.

SOLNON (Jean-François), *La Cour de France*, Paris, Fayard, 1987.

SUEUR (Philippe), *Histoire du droit public français, XVe-XVIIIe siècle*, Paris, P.U.F., 1989.

TAINE (Hippolyte), *Les Origines de la France contemporaine*, Paris, Bouquins, 1986.

TAPIÉ (Victor-Lucien), *La France de Louis XIII et de Richelieu*, Paris, Flammarion, 1952.

TOCQUEVILLE (Alexis de), *L'Ancien Régime et la Révolution*, Paris, Gallimard, 1952.

VÉRI (Joseph-Alphonse, abbé de), *Journal*, Paris, Plon, 1933.

VIGUERIE (Jean de), *Le Catholicisme des Français dans l'ancienne France*, Paris, N.É.L., 1988.

~, *Christianisme et Révolution*, Paris, N.É.L., 1986.

PETIT LEXIQUE HISTORIQUE

A

Abbaye : Monastère régi au spirituel par un abbé régulier* ayant rang d'évêque. Cf. aussi Commendataire*.

Absolutisme : Ce terme, apparu en 1796, est un néologisme péjoratif, inconnu au temps de la monarchie absolue.

Actes royaux : Écrits officiels signés du Roi et comme tels ayant force de loi : édits*, ordonnances*, lettres* patentes, déclarations, arrêts* du Conseil, lettres* de cachet, commissions*, brevets*, etc.

Affaires : Ce mot qui aujourd'hui désigne les activités économiques (les hommes d'affaires étant financiers, industriels, négociants) s'appliquait jadis aux seules affaires du Roi (fermes* et sous-fermes). Les « gens d'affaires » ou traitants* étaient intéressés à la perception des impôts affermés.

Aides : Impositions frappant l'or, l'argent, les fers, les huiles et savons, le papier, les cartes, les boissons. Elles variaient d'une province l'autre, d'une ville à l'autre (leur carte est plus difficile à dresser que celles de la gabelle* ou des traites*). Elles étaient très pesantes dans le ressort des cours* des aides de Paris et de Rouen ; fort impopulaires, mais moins lourdes que l'impôt britannique sur les boissons.

Anoblir : Faire entrer une personne et sa descendance dans l'ordre* de la noblesse*. Anoblir était un droit* régalien. Le Roi pouvait anoblir individuellement, ou donner à certains offices* la qualité de charges* anoblissantes. On ne confondra point « anoblir » (faire noble un roturier*) avec « ennoblir » (rendre plus noble, au sens moral ou imagé).

Apanages : Portions du domaine* royal concédées aux fils ou aux frères du Roi, mais revenant à la Couronne en cas d'extinction de la branche apanagée.

Arbitraire : Ce mot n'était pas péjoratif. Appliqué au droit* privé, il signifiait que les juges n'étaient point prisonniers d'une échelle des peines ; ils décidaient en conscience. Appliqué au droit* public, il signifiait que le Roi avait une fonction d'arbitre. Nul ne pensait, avant le milieu du XVIIIe siècle, qu'il eût pu décider selon quelque « bon plaisir » qui eût fait verser la monarchie sur la pente de la tyrannie.

Arrêts du Conseil : Actes* royaux émanés du conseil* du Roi. Les sections de gouvernement rendaient des arrêts en commandement (« Le Roi *étant* en son Conseil... »). Le conseil privé, des arrêts simples (« Le Roi *en* son Conseil... »).

Assemblée du Clergé : Réunion des évêques, tous les cinq ans (1700, 1705, 1710, etc.), pour gérer les biens du Clergé*, voter le « don* gratuit » et prendre parti sur les affaires religieuses (par exemple, les « libertés »* de l'Église de France, ou la bulle* *Unigenitus*).

B

Bailliages et *sénéchaussées :* Tribunaux de grande instance. Les appels étaient portés devant les parlements*. Le territoire d'un bailliage était comme un arrondissement d'aujourd'hui.

Banalités : Droits* seigneuriaux obligeant les censitaires à faire moudre leurs grains, « cuire leur farine, pressurer leurs fruits, au moulin, au four, au pressoir seigneurial ». Ces banalités semblaient pesantes et les meuniers des moulins banaux étaient parfois haïs.

Ban et arrière-ban : Jusqu'à Louis XI, levée en masse. Depuis lors, appel exceptionnel du Roi aux possesseurs de fiefs* en vue de renforcer ses armées. Les expériences modernes (1635, 1674, etc.) furent décevantes, mais prétendaient tenir la noblesse en éveil et stimuler l'effort de guerre.

Bas officiers : C'était le nom donné aux sous-officiers. De bas en haut, l'on rencontrait l'anspessade, le caporal (brigadier, dans la cavalerie), le sergent. Ce n'est qu'en 1776 que fut créé le grade d'adjudant. Le maréchal des logis (gradé de la cavalerie) était plus que le sergent d'infanterie. Jusqu'aux réformes de Choiseul, il était considéré comme officier.

Bastille : La bastille de Paris datait de Charles V, mais conserva un rôle militaire jusqu'à la Fronde. Aux XVIIe et XVIIIe siècles, elle était prison* d'État, surtout destinée aux personnes ayant fait l'objet de lettres* de cachet (Claude Quétel en a dénombré ici 5 279 entre 1659 et 1789 ; soit 43 entrées par an sous Louis XIV, 52 entre 1715 et 1743, 33 entre 1743 et 1774, 20 sous Louis XVI). Quatre-vingt-trois pour cent des prisonniers y demeurèrent moins d'un an. Les « victimes » des lettres de cachet n'avaient, en général, été arrêtées qu'à la requête de leur famille. Louis XVI avait songé à faire démolir la Bastille. On voit donc combien noircie était, à la veille de la Révolution, la réputation faite à la prison d'État ; puisque cette anachronique forteresse passait, aux yeux des « philosophes » et des « patriotes » pour le symbole du despotisme. Le 14 juillet 1789, l'émeute n'y découvrit que sept prisonniers : quatre condamnés pour malversations, un fou, un incestueux et « un correctionnaire placé à l'initiative de sa famille ».

Bénéfice : Revenu attaché à une fonction d'Église. Évêchés, abbayes*, prieurés, cures, prébendes de chanoines étaient des bénéfices. Par le concordat de 1516*, le Roi nommait aux bénéfices majeurs, mais les évêques avaient ensuite besoin de l'investiture du pape. Cf. aussi : Feuille* des bénéfices.

Bourgeois : Jusqu'au XVIIIe siècle le mot est vague, signifiant quelquefois citadin, parfois roturier*. Pour l'ouvrier, l'employeur est son « bourgeois ». Mais le sens qui émerge est celui de citadin enraciné (par opposition au simple « habitant ») qui – détenteur ou non de « lettres de bourgeoisie » – peut avoir des privilèges, comme à Paris l'exemption de la taille*. Au XVIIIe siècle, la bourgeoisie tend à devenir un rang social. La montée *des* bourgeoisie*s* – montée bouillonnante de bourgeoisie*s* insatisfaites – est, avec la réaction* nobiliaire, une des explications de la Révolution.

Brevet : Acte* royal (grâce du Roi, nomination) non soumis à enregistrement*. – On appelait « brevet de retenue » le privilège accordé à un officier (ou à ses héritiers) de se voir rembourser par son successeur tout ou partie de la valeur de la charge.

Bulle : Lettre patente émanée du pape.

C

Cabinet noir : Organisme interceptant les lettres pour renseigner le Roi et surveiller l'opinion. « Sa pratique est aussi ancienne que la poste » (A. Corvisier).

Capitale : Paris, sous l'ancien régime, fut toujours capitale, même au temps de la cour itinérante des Valois, et même depuis l'installation de Louis XIV à Versailles (1682).

Capitation : Impôt direct, établi par Louis XIV en 1695, frappant les nobles comme les roturiers ; les contribuables étant répartis entre vingt-deux classes, de la première classe (où trouvait place jusqu'au Dauphin), qui devait 2 000 livres l'an, jusqu'à la vingt-deuxième qui ne payait qu'une livre.

Cas prévôtaux et *cas royaux :* On appelait « cas prévôtaux » les cas criminels nécessitant une justice prompte (les tribunaux du Roi étaient lents) et équitable (les justices* seigneuriales n'offrant pas toutes garanties). Les cas prévôtaux relevaient des prévôts* des maréchaux : crimes de vagabonds, de mendiants, de récidivistes ; désertion, vols de grand chemin. Mais l'ordonnance criminelle de 1670 réservait aux présidiaux* le soin de décider de la compétence des prévôts. Surtout, à la suite de critiques accumulées depuis le XVIe siècle, la monarchie avait réservé aux bailliages* et aux présidiaux les « cas royaux ». Ceux-ci échappaient à la fois aux justices* seigneuriales et aux prévôts. C'étaient le sacrilège aggravé, le crime de lèse-majesté, les assemblées séditieuses, le port d'armes interdit, le soulèvement, les crimes de concussion et de malversation, l'altération de la monnaie, le rapt, l'hérésie.

Cens : Le plus répandu des droits* seigneuriaux ; redevance annuelle et perpétuelle, généralement en deniers, que le vassal ou le censitaire devait au seigneur, au titre de l'« héritage » roturier* qu'il tenait dans sa directe*.

Chambre des comptes : « Cour souveraine établie pour faire rendre les comptes des deniers publics, pour veiller à la conservation du domaine royal et de tous les droits qui en dépendent, et pour connaître de tous les procès qui peuvent naître à ce sujet » (Ferrière). Celle de Paris avait été détachée de la *curia* Regis*. On trouvait des chambres des comptes à Paris, Blois, Dijon, Grenoble, Nantes. D'autres étaient à la fois chambres des comptes et cours* des aides : Aix, Bar-le-Duc, Dole, Nancy, Montpellier, Pau et Rouen.

Chambres de justice : Juridictions d'exception émanées de la justice* retenue du Roi. Ces commissions* connaissaient surtout des abus des gens de finance, comme en 1661 et 1716.

Champart : Redevance en nature, due au seigneur sur les récoltes, une fois payée la dîme*.

Chancelier de France : Important dignitaire, depuis 1627 premier des grands* officiers de la Couronne ; le premier Français après la famille royale. Le Chancelier était inamovible. Le Roi pouvait lui retirer les Sceaux, mais pas son office. Le Chancelier gardait et contrôlait les sceaux de France. Il contrôlait les offices* royaux. Il présidait la justice de tout le royaume. Il était surtout chef des conseils du Roi, et présidait le conseil* privé. Ses pouvoirs et son rôle politique varièrent. Séguier († 1672) laissa diminuer le crédit de son office. Pontchartrain (1699-1714) et d'Aguesseau (1717-1750) furent de remarquables Chanceliers. La réforme de Maupeou (nommé en 1768, disgracié en 1774), dernier titulaire, si elle avait été maintenue et complétée, aurait peut-être sauvé le régime.

Charge : Mot passe-partout, synonyme de fonction. Certaines charges étaient des dignités*, d'autres des offices*, d'autres des commissions*.

Charges anoblissantes : Offices de chancellerie (les secrétaires* du Roi), fonctions municipales (cf. Noblesse* de cloche) et surtout charges de robe* (magistrats des cours* souveraines, maîtres* des requêtes, trésoriers* de France, etc.) procurant – par la volonté du Roi – la noblesse* au premier degré ou la noblesse* graduelle. Les cahiers de doléances les ont dénoncées.

Chasse : Privilège noble ; le plus impopulaire sans doute des droits* seigneuriaux ; prétexte à un braconnage généralisé.

Châtelet : C'était le plus grand tribunal au monde, prévôté et vicomté de Paris, érigé en présidial* sous Henri II*. Ses principaux officiers* étaient le prévôt* de

Paris, le lieutenant* civil (véritable président) et le lieutenant criminel. Entre ces derniers le Roi intercala le lieutenant* général de police (1667), commissaire* qui domina l'institution.

Chevauchées : Visites de contrôle faites par certains officiers* du Roi dans l'étendue de leur ressort. Celles des maîtres* des requêtes, ordonnées par commission* royale, préfigurèrent l'œuvre des intendants*.

Clergé : C'était le premier des trois ordres*, presque égal en nombre (59 000 séculiers*, 80 000 réguliers*) à celui de la noblesse* (140 000 personnes vers 1789). L'ordre était riche, possédant sept pour cent des terres du royaume. L'ordre était privilégié : les assemblées* du Clergé votaient un don* gratuit, et le Clergé lutta jusqu'à la fin de l'ancien régime pour garder ses privilèges, prérogatives et exemptions. Le quadrillage ecclésiastique restait très apparent (139 diocèses) et l'Église continua jusqu'à la Révolution de marquer la vie quotidienne, en dépit du déclin de la spiritualité et des attaques de la « philosophie ». Le chapitre 24 a parlé ci-dessus de « l'union du trône et de l'autel », mais il est assuré que l'Église en général, le clergé en particulier étaient présents dans beaucoup de secteurs : les incidences politiques du jansénisme l'ont prouvé au siècle des Lumières.

Codes : Grandes ordonnances*, spécialisées (ex. : le code des tailles* de 1634) ou fourre-tout (le « code Michau » de 1629).

Colonies : La France a perdu en 1713 Saint-Christophe, Terre-Neuve et l'Acadie ; elle perdit en 1763 le Sénégal (rendu en 1783), le Canada et la Louisiane. A la fin de l'ancien régime elle possédait les comptoirs de l'Inde et les Mascareignes, les îles Kerguelen et Crozet, une partie du Sénégal (escales de la traite négrière en Afrique), des relais de pêche en Amérique du Nord, Cayenne, et surtout plusieurs Antilles (Tabago, la Martinique, la Guadeloupe et Saint-Domingue). Toutes ces colonies étaient soumises au régime, un peu assoupli, de l'exclusif* et aux règles du « code* noir » de 1685* . « Quoique diminuées, les colonies françaises étaient encore en 1789 supérieures aux colonies anglaises comme richesse » (M. Marion). Saint-Domingue y était pour beaucoup.

Commendataire : Séculier* habilité à percevoir les revenus d'un bénéfice* en « commende » : abbaye ou prieuré. Il n'avait nul pouvoir spirituel, contrairement à l'abbé régulier*.

Commensaux : Officiers de la Cour, maison* du Roi et maisons royales. Un monde peu homogène. Au sommet étaient les grands* officiers de la Couronne et principaux dignitaires de la Cour, titulaires d'une noblesse* de dignité*. A mi-hauteur, on trouvait des dizaines de commensaux « du deuxième ordre », dotés de privilèges comme le titre d'« écuyer »* : valets de chambre ou de garde-robe, maréchaux des logis, huissiers, gentils-hommes servants, médecin ordinaire, etc. Venaient ensuite des centaines de commensaux de troisième rang – tels les « marchands suivant la Cour » –, souvent coqs de paroisse, ou petits bourgeois voulant échapper à la taille*.

Commis : Derrière le titre modeste de « premier » ou de « principal commis » se cachaient, aux XVIIe et XVIIIe siècles, des administrateurs de haut rang, habiles gens de plume*, souvent plus stables et mieux informés que leur ministre. Louvois contraignit les généraux à obéir à ses principaux commis. Rayneval, premier commis des affaires étrangères, négoçia un traité de commerce avec l'Angleterre (1786*) qui porte encore son nom.

Commissaire : Le commissaire, nommé par commission* du Roi, s'oppose en général à l'officier*. Exemple : le premier président du Parlement* est un commissaire. Mais 1° on peut être à la fois officier et commissaire ; ce qui est le cas des intendants*, titulaires d'un office de maître* des requêtes et pourvus d'une commission d'intendant ; et 2° les commissaires de police, achetant leur charge, sont officiers en dépit de leur nom.

Commission : Pouvoir temporaire d'exercer une charge. Le contrôleur* général, le garde* des Sceaux étaient nommés par commission, donc révocables.

Concile : Assemblée de prélats convoquée pour régler les affaires de l'Église. Le concile de Trente (1545-1563), « œcuménique » ou universel, a organisé et animé la contre-Réforme. La possibilité pour le roi de France de convoquer des conciles régionaux ou nationaux était un droit* régalien.

Connétable : La charge de connétable de France, supprimée en 1627, faisait de son titulaire le chef des maréchaux et le premier en dignité* des grands* officiers de la Couronne.

Conseil : Le conseil du Roi et ses sections (conseil d'en haut, conseil des dépêches, conseil royal des finances, conseil de commerce, conseil privé) a été étudié dans le chapitre 16.

Conseil d'État : Appellation protée. Tantôt « conseil d'État » était synonyme de conseil* du Roi ; tantôt il ne s'appliquait qu'au conseil d'en haut (ou conseil des ministres) ; tantôt enfin il désignait le conseil privé.

Conseiller du Roi : Titre de tout officier* royal ; à ne pas confondre avec secrétaire* du Roi et conseiller* d'État.

Conseillers d'État : Ils étaient trente : trois d'Église, trois d'épée*, les autres de robe*. C'étaient des commissaires*, nommés par lettres* patentes dans une charge de dignité* à laquelle aspiraient les meilleurs maîtres* des requêtes. Certains conseillers d'État étaient intendants* ou ambassadeurs. La plupart d'entre eux formaient l'armature du conseil* du Roi et animaient ses bureaux et commissions.

Conseil provincial : Ce n'est pas une cour* souveraine.

Celui d'Artois, hérité de Charles Quint, n'était souverain qu'au criminel. Au civil, il ressemblait à un présidial*, ses appels allant au parlement* de Paris.

Conseils souverains : Cours* souveraines des provinces conquises. Celui d'Alsace était à Colmar depuis 1698 ; celui de Roussillon, à Perpignan dès 1660 ; celui de Corse fut créé à Bastia en 1768. Certains (Flandres, Navarre, Lorraine) furent transformés en parlements*.

Conseils supérieurs : Cours d'appel jugeant souverainement au civil et au criminel (à l'exception de ce qui pouvait concerner les pairs* de France), composées de magistrats nommés et rémunérés par le Roi et rendant une justice gratuite, établies en 1771 par le chancelier* Maupeou dans le but de diminuer le ressort des parlements* de Paris (Arras, Blois, Châlons, Clermont, Lyon et Poitiers), de Rouen (Bayeux) et de Toulouse (Nîmes). Ces institutions, heureuses mais très critiquées, furent supprimées en 1775.

Conseils supérieurs des colonies : Juridictions d'appel installées outre-mer, comparables aux conseils* souverains de métropole. On pouvait y siéger sans être gradué. Les conseils de la Guadeloupe, de la Martinique et de Saint-Domingue avaient le privilège de la noblesse* graduelle.

Constitution : Bien que les professeurs de droit ne voient pas de constitution en France avant 1791, le royaume en possédait une, coutumière, vénérable, constituée par les « lois* fondamentales ». – La bulle* *Unigenitus* de 1713 était aussi nommée « constitution *Unigenitus* ».

Contre-Réforme : On nomme contre-Réforme (ou encore : réforme catholique) la riposte de Rome et du monde catholique à la réforme protestante. Cette dernière fut inaugurée par Martin Luther en Allemagne en 1517. La contre-Réforme, dont les jésuites et quelques instituts religieux nouvellement créés furent les agents zélés, s'appuya surtout sur le concile* de Trente (1545-1563). Ce concile, dont les décisions régirent l'Église jusqu'au XXe siècle, s'efforça de défendre et préciser le dogme catholique – en l'opposant point par point aux thèses de Luther et Calvin –, il entreprit la réforme de l'Église et il parvint à susciter un grand élan rénovateur, encourageant les missions, soutenant la spiritualité, orientant jusqu'à l'art religieux. L'influence de la réforme catholique se fit vivement sentir dans le monde entier pendant plus de deux siècles. La reconquête de territoires momentanément gagnés à la Réforme ne fut qu'une partie de son activité.

Contrôleur général des finances : De 1665 (Colbert) à la Révolution, le contrôleur général dirigea les finances, la fiscalité, l'économie, l'industrie, le commerce, les mines, les ponts* et chaussées : un immense département ; tandis que sa correspondance avec les intendants* l'assimilait un peu à un ministre de l'Intérieur. Il était nommé par commission* ; sa charge était gratuite. L'échec des tentatives de réformes au XVIIIe siècle diminua le prestige des contrôleurs, de plus en plus éphémères à la fin de l'ancien régime.

Corporations : Nom moderne des corps* de métiers. Furetière l'ignore encore (1690). Brutalement abolies par Turgot (février 1776), les corporations furent rétablies la même année.

Corps de métiers : Cf. Corporations*, Jurandes*, Maîtres* et compagnons, Six-Corps*.

Corvée : Les corvées seigneuriales – sans commune mesure avec les rudes contraintes de l'Europe de l'Est – étaient des services gratuits (comme de curer les douves) dus par les censitaires. Elles allaient au pire jusqu'à douze jours l'an. – La corvée royale des grands chemins, apparue au XVIIe siècle, devint institutionnelle sous Louis XV. On pouvait exiger des paysans un travail gratuit (six à trente jours l'an) pour construire ou réparer les routes. Cette corvée fut abolie par Turgot (1776), puis remplacée par un supplément de taille*. Son impopularité avait été immense.

Cour des monnaies : Cour* souveraine connaissant de ce qui regardait monnaies et métaux précieux. Celle de Paris (souveraine depuis 1552) avait compétence dans tout le royaume. Mais, de 1704 à 1771, il y eut une cour des monnaies à Lyon ; et, après 1766, les chambres* des comptes de Nancy et de Bar gardèrent leur fonction de cour des monnaies.

Cour des pairs : Le parlement* de Paris s'honorait d'être cour des pairs. Les pairs laïques ou ecclésiastiques y siégeaient à la grand-chambre.

Cours des aides : Cours* souveraines connaissant des causes fiscales, jugées en première instance par les élections*, greniers à sel, etc. A la fin du XVIIIe siècle, il ne restait que celles de Paris, Clermont, Bordeaux et Montauban ; les autres cours des aides ayant été réunies à des chambres* des comptes ou à des parlements*.

Cours souveraines : Cours supérieures connaissant sans appel des différends entre particuliers. Leurs arrêts, civils ou criminels, ne pouvaient être cassés que par le Roi en son Conseil*. Le droit d'enregistrement* des actes* royaux et le droit de remontrance* avaient entretenu l'orgueil des cours (surtout en 1648). Négligeant leur rôle judiciaire, certaines d'entre elles, au XVIIIe siècle, se passionnèrent pour les affaires publiques. Les cours souveraines étaient lés parlements*, le grand* conseil, les chambres* des comptes, les cours* des aides, la cour* des monnaies, les conseils* souverains.

Curia Regis : De cette « cour du Roi », composée à l'origine de grands vassaux et de clercs, vont se détacher, depuis saint Louis, le Parlement* (1254) et autres cours souveraines.

D

Décapole d'Alsace : Les dix villes libres d'Empire (Landau, Wissembourg, Haguenau, Rosheim, Obernai, Sélestat, Turckheim, Munster, Kaysersberg, Colmar) dont la « préfecture » fut donnée à la France par les traités de Westphalie (1648), ce qui permit à Louis XIV de mettre peu à peu la main sur toute l'Alsace.

Décimes : « On appelait décimes la contribution que le clergé* de France levait sur ses membres pour subvenir aux finances de l'ordre » (M. Antoine).

Déroger : Au sens moral, perdre la face. Au sens légal, perdre la noblesse. Les métiers « mécaniques » dérogeaient, sauf la verrerie. Après dérogeance, une famille avait besoin, pour retrouver sa noblesse, de lettres de relief signées du Roi.

Despotisme éclairé : Style de gouvernement autoritaire répandu en Europe, de 1740 (avènement de Frédéric II en Prusse) à 1796 (mort de Catherine II de Russie). Derrière une apparence moderne et « philosophique », princes et ministres imitaient la France de Louis XIV.

Dignités : Offices très prestigieux, comme les grands* offices de la Couronne. Ils anoblissaient *ipso facto*. Cf. aussi : Fiefs* de dignité.

Dîme : Impôt destiné à l'Église et prélevé, avant tout autre, sur les fruits de la terre (même noble ou ecclésiastique) et des troupeaux.

Directe : Cf. Seigneurie*.

Domaine : Le domaine royal ou domaine de la Couronne était inaliénable et imprescriptible. L'ordonnance de Moulins de février 1566 avait opportunément rappelé cette loi* fondamentale.

Don gratuit : Après simulacre de marchandage, contribution payée au Trésor par le Clergé* et par les pays* d'états.

Douanes : Synonyme de traites*.

Droit canon : Lois de l'Église. On veillait à ce qu'il ne vînt point empiéter sur les libertés de l'Église de France.

Droit commun : Règles juridiques générales. Les privilèges* y faisaient exception.

Droit coutumier : Ainsi continuait-on de désigner les règles juridiques du nord du royaume. Mais, décidée par le Roi dès 1453 et réalisée au XVIe siècle, la rédaction des coutumes avait transformé la coutume en loi écrite.

Droit des gens : Sous l'ancien régime, notion floue, confondue avec droit* naturel ou avec droit international.

Droit divin : Règles considérées comme établies par Dieu. Pour les Français de jadis, même et surtout protestants, le Roi était lieutenant de Dieu, souverain par délégation divine, car « il n'est point de pouvoir qui ne vienne de Dieu » (Saint Paul, *Épître aux Romains*, 13, 1).

Droit écrit : Règles juridiques issues du droit romain, en vigueur dans les provinces du Midi.

Droit féodal : Règles concernant les fiefs* et aussi les relations entre suzerains et vassaux, seigneurs et vassaux. Les spécialistes des fiefs étaient les « feudistes ».

Droit naturel : Règles morales essentielles, jugées universelles et imprescriptibles, communes aux païens et aux chrétiens. Le philosophe politique anglais John Locke a beaucoup modernisé, laïcisé et rationalisé le concept de droit naturel. Pour lui une éminente loi naturelle fonde les droits naturels des hommes : la liberté, l'égalité et la propriété, et « ces droits naturels doivent être respectés par la loi positive » (St. Rials).

Droit privé : Règles juridiques concernant les particuliers.

Droit public : Règles juridiques concernant l'État.

Droits féodaux : Sous l'ancien régime, il ne reste guère en France que le droit pour le seigneur d'exiger du nouveau vassal « foi et hommage », un anachronique serment de fidélité.

Droits régaliens ou « *régales* » *:* Droits du Roi, émanés de son autorité, manifestations et symboles de la souveraineté. Il y en avait une vingtaine, du droit de faire les lois et les interpréter, jusqu'à celui d'établir foires* et marchés, ou péages* ; du droit de naturaliser, légitimer ou anoblir, au droit d'aubaine et de confiscation. Battre monnaie était et demeure un droit régalien. Gracier en était et en demeure un autre. Mais l'on n'oubliera ni le droit de fonder des universités, ni celui de convoquer des conciles* régionaux ou nationaux. Non plus que le droit de « régale »* – véritable pléonasme – qui fait l'objet d'un article particulier.

Droits seigneuriaux : On distinguait droits honorifiques (girouette carrée, colombier, chasse*, honneurs paroissiaux et funèbres) et droits utiles. Les premiers irritaient le peuple ; les seconds étaient jugés pesants et anachroniques, bien que dépassant rarement sept pour cent des revenus paysans. Ces droits utiles étaient des redevances (comme le cens*) ou des services (comme les banalités*) que vassaux et censitaires devaient au seigneur au titre de sa « directe ». Outre les droits de mutation (lods et ventes), comptaient surtout le cens et le champart, prélevés sur les récoltes. Au XVIIIe siècle, dans le cadre d'une réaction* nobiliaire foncière, les seigneurs s'efforcèrent de ressusciter des droits oubliés, d'en augmenter le taux ; de remplacer les redevances, en argent dévalué, par des redevances en nature. La révision des terriers* (1740-1789) n'avait pas d'autre but. Cette politique irrita fort la paysannerie, les censitaires se considérant de plus en plus comme seuls propriétaires de la terre.

Ducs : Corps dominant de la noblesse*. Les ducs et pairs d'une part, les ducs héréditaires non pairs d'autre part devaient avoir fait enregistrer leurs lettres* patentes au Parlement*. Les ducs « à brevet », faute de cet enregistrement, n'étaient point ducs héréditaires.

E

Eaux et forêts : Administration moderne et modèle, structurée par Colbert, promoteur du code forestier (1669).

Écuyer : Qualification dont se paraient les nobles (entre leur nom et leur seigneurie) et certains commensaux* (entre nom et fonction). « É cuyer » n'était donc pas preuve de noblesse*.

« *É dit des quatre quartiers* », ou « *du maréchal de Ségur* » *:* Dénominations erronées pour désigner la décision royale du 22 mai 1781. Elle obligeait à faire preuve de noblesse pour accéder à une sous-lieutenance. On ne demandait d'ailleurs pas quatre quartiers (prouver que ses quatre grands-parents étaient nobles), mais quatre *degrés* de noblesse (prouver la noblesse de son bisaïeul paternel, de son grand-père et de son père). Cette fâcheuse décision, indice d'une réaction* nobiliaire officielle, fut une des causes de la Révolution.

Édits : Actes* royaux. « É dit est une ordonnance que le Prince fait publier de son propre mouvement pour le bien de son État » (Ferrière).

Élection : Juridiction connaissant du contentieux des tailles* mais aussi des impôts indirects (sauf la gabelle*). Les appels en venaient à la cour* des aides.

Enregistrement : Pour garantir les actes privés, l'ancien régime avait instauré l'insinuation (1539) des actes et leur contrôle (1581). Les actes* royaux, eux, étaient enregistrés par le Parlement* et autres cours* souveraines.

Épée : Se disait pour état militaire, profession des armes. Ex. : Ce magistrat a quitté la robe* pour l'épée.

États généraux : De 1302 à 1789, réunion sur ordre du Roi des représentants des trois ordres* du royaume – Clergé*, noblesse* et tiers* état. Cf. chapitres 12 et 52.

États provinciaux : Ils ont été évoqués, chapitres 12 et 22.

Exclusif : Régime commercial en usage à la colonie. Celle-ci ne pouvait vendre ou acheter qu'à la métropole.

F

Fabrique : Établissement chargé d'administrer les biens et revenus d'une paroisse. Ses membres se nommaient marguilliers.

Ferme, ferme générale : « Grand moyen de perception des impôts indirects » (traites*, aides*, gabelles*, Domaine*, etc.), les fermes avaient commencé de se rassembler en 1598 et en 1664, avant de devenir grâce à Colbert « fermes générales » (1680) et de se constituer définitivement en une « ferme générale » (1726). L'affermement des impôts est un triple avantage pour le Roi. Il permet de prévoir le montant minimum des recettes fiscales ; il économise à l'État la mise sur pied et le contrôle de tout un personnel spécialisé ; il établit un écran susceptible de préserver la popularité du monarque.

Fermiers généraux : Les financiers* nommés fermiers généraux, au nombre de quarante, apportaient une énorme caution pour garantir le bail périodique des impôts indirects. Mais ce n'étaient pas forcément des Crésus. Beaucoup étaient des administrateurs aussi zélés et compétents que les officiers* royaux. Enfin leur rôle social, au XVIIIe

siècle, ne fut pas négligeable et l'on trouvait en leur corps des amateurs éclairés et des mécènes.

Feuille des bénéfices : Liste d'aptitude à l'épiscopat, tenue par le confesseur du Roi ou par un évêque.

Fief : « Fief est un héritage, tenu du Roi ou d'autre seigneur à foi et hommage, et à la charge de quelques autres droits. Celui qui le possède est appelé vassal ; et celui de qui l'héritage relève est appelé seigneur » (Ferrière). Un roturier* ne pouvait tenir fief sans payer l'impôt de franc-fief.

Fiefs de dignité : On nommait ainsi les duchés, marquisats, comtés, vicomtés et baronnies. Ils anoblissaient implicitement (ce fut le cas pour Duquesne avec un marquisat) les très rares roturiers* bénéficiant de leur érection.

Financier : « Être financier, c'est prendre à ferme les revenus du Roi » (Y. Durand).

Flagellation : Nom donné au lit* de justice du 3 mars 1766, où Louis XV dit aux magistrats : « C'est en ma personne seule que réside la puissance souveraine. »

Foires et marchés : L'établissement des foires était droit* régalien, mais le Roi pouvait en faire bénéficier seigneurs ou communautés. La foire de Lyon était des plus célèbres au monde. Celles de Beaucaire, Rouen, Guibray (à Falaise), des plus célèbres en France.

G

Gabelle : Impôt royal sur le sel, établi au moyen âge, vite impopulaire en raison de son injustice. Nombre de privilégiés* bénéficiaient du « franc salé » et s'approvisionnaient à bas prix. Surtout, on trouvait dans le royaume six régimes et tarifs différents. Le sel était cher dans les « pays de grande gabelle » (bassin Parisien), moins cher dans les pays « de petite gabelle » (Languedoc, Provence, vallée du Rhône) et les « pays rédimés » (Poitou, Guyenne, Gascogne) ; bon marché dans les « pays exempts » comme la Bretagne. Il en résultait une contrebande intérieure active, dite « faux saunage ».

Galères : Navires de guerre du Levant (Méditerranée), ces voiliers effilés avaient pour moteur auxiliaire la « chiourme » de malheureux rameurs. Trente-huit mille condamnés aux galères (criminels ou protestants) ont été recensés à Marseille, port d'attache des galères, entre 1680 et 1715. Ils étaient en 1695 douze mille pour les quarante galères du Roi. Louis XIV et Colbert connaissaient l'insuffisance stratégique des galères, mais celles-ci « affichaient la gloire et la puissance du Roi » (M. Vigié). Le corps en fut dissous en 1748, les galériens se transformant alors en bagnards.

Gallican : Gallican veut dire « de France ». L'Église gallicane était L'Église de France. Saint Louis déjà en défendait, face à Rome, les privilèges. C'est dire que nous aurions tort d'y chercher forcément un sens péjoratif, même si la déclaration des quatre articles (1682), inspirée par Bossuet, votée par l'assemblée* du Clergé, révélait un « gallicanisme » outré.

Gallicanisme : Ce néologisme (1810) est applicable à l'esprit gallican érigé en système, si bien convaincu de l'autonomie de l'Église de France, qu'il en vient à contester la prérogative pontificale. On vit tour à tour : 1° un gallicanisme royal, incarné par Philippe le Bel, prolongé sous les Valois et les Bourbons, 2° un gallicanisme ecclésiastique, tendant à placer l'autorité des conciles avant celle des papes, 3° un gallicanisme parlementaire, plus politique que religieux. C'est au XVIIIe siècle que fleurit ce dernier, fort imprégné d'esprit janséniste.

Garde des Sceaux : Grand* officier de la Couronne, commis par le Roi pour suppléer le Chancelier*, écarté ou privé des Sceaux. Le garde des Sceaux avait mêmes fonctions et privilèges que le Chancelier, mais il était révocable.

Généralité : Circonscription territoriale de l'intendant*.

Gens du Roi : Les membres du parquet (procureur et avocat du Roi, substituts) dans les cours et tribunaux.

Gentilhomme : En théorie, nom réservé au noble d'extraction prouvant au moins quatre degrés (ou générations) de noblesse*. Au XVIIIe siècle, le mot s'assouplit. On dit : « Foi de gentilhomme », comme on dirait : « Foi d'honnête homme ». Gentilhomme ressemble dès lors à *Gentleman*.

Gouverneurs : Officiers* royaux titulaires d'une charge de dignité*. Jusqu'au milieu du XVIIe siècle, le gouverneur (prince*, duc*, maréchal, etc.) est vraiment « le Roi présent en sa province ». Leur rôle « a connu son apogée entre le milieu du XVIe siècle et 1661 » (M. Antoine), mais on ne doit point oublier l'importance, au XVIIIe, d'un duc d'Aiguillon, gouverneur de Bretagne.

Grades : On trouvera la hiérarchie des grades militaires aux articles Bas* officiers, Officiers* subalternes, Officiers* supérieurs et Officiers* généraux. Sauf à noter que l'anspessade à la base et le maréchal de France au sommet sont revêtus d'une « dignité » ; et que le capitaine (jusqu'à Choiseul) et le colonel (jusqu'à Saint-Germain) ont une charge vénale. La gratuité des grades de lieutenant-colonel et de brigadier permettait pourtant à des hommes comme Vauban d'éviter l'obstacle de la vénalité.

Grand conseil : Cour souveraine créée en 1497. Son ressort couvrait le royaume ; sa justice était gratuite. Elle connaissait de ce qui concernait les bénéfices*, mais le Roi évoquait parfois devant elle des affaires quand il redoutait la partialité du Parlement*.

N.B. Quand Claude de Seyssel encourageait le Roi à légiférer et gouverner « par grand conseil », il s'agissait, non du grand conseil ci-dessus, mais des ministres* et du conseil* du Roi.

Grands jours : Juridictions d'exception destinées à rétablir l'ordre et à éliminer les abus. Ses juges étaient commis par le Roi, choisis en général au Parlement*.

Grands offices et grands officiers de la Couronne : La frontière n'était jamais nette entre grands officiers de la Couronne (leur liste a varié) et dignitaires de la Cour. Les uns et les autres jouirent d'une noblesse de dignité (pleine et entière dès nomination par le Roi), du XVe siècle jusqu'à 1790. Les grands officiers de la Couronne étaient le connétable* de France (avant 1627), le Chancelier* et le garde* des Sceaux, le grand maître de France (ou grand maître de la maison* du Roi), le grand chambellan (ou grand chambrier), l'amiral de France, les maréchaux de France, le grand maître de l'Artillerie (créé en 1601) et le grand écuyer de France. Les grands dignitaires de la Cour étaient le grand maître de la garde-robe, le grand échanson, le grand pannetier, le grand écuyer tranchant, le grand prévôt de l'Hôtel, le grand maréchal des logis, le grand maître des cérémonies de France, le grand veneur, le grand fauconnier, le grand louvetier de France. Ces dignitaires étaient appelés « commensaux* du premier ordre » ou « chefs d'offices ».

N.B. Les secrétaires* d'État, assimilés aux grands officiers de la Couronne, avaient comme eux – et comme les hauts dignitaires de Cour – la noblesse de dignité.

H

Honneurs de la Cour : Privilèges accordés par le Roi, précisés en 1759, et symboles de réaction* nobiliaire. Pour être admis aux honneurs de la Cour, il fallait une noblesse remontée à l'an 1400. Étaient dispensés de preuves, grands* officiers de la Couronne, ministres* et secrétaires* d'État, gouverneurs*, ambassadeurs, et leurs descendants en ligne masculine. Les honneurs de la Cour consistaient en une présentation (au Roi, à la Reine et à la famille royale), à laquelle s'ajoutait, pour les hommes, le privilège de monter dans les carrosses du Roi et d'accompagner Sa Majesté à la chasse.

Honneurs du Louvre : Privilèges des ducs* (autorisés à entrer en carrosse dans la cour des palais royaux) et des duchesses (bénéficiant d'un « tabouret » en compagnie de la Reine, et d'un « carreau » pour s'agenouiller à l'église).

Hôpitaux : La maison de soins se nommait jadis hôtel-Dieu. Ce qu'on appelait hôpital général (celui de Paris date de 1656) était d'abord un hospice et un asile pour mendiants.

I

Impôt du sang : Nom donné à la contribution, souvent héroïque, de la noblesse* à la défense du royaume. L'importance des nobles dans les armées, la fréquence des guerres (surtout au XVIIe siècle), l'habitude chez les officiers, même généraux, de charger à la tête de leurs hommes, expliquent le nombre considérable des nobles tués au combat.

Intendants : Les « intendants de justice, police et finances » ont été étudiés au chapitre 22.

Intendants des finances : Ces « tiercelets* de ministres », auxiliaires éminents du surintendant puis du contrôleur* général des finances, dirigeaient des départements d'importance ministérielle.

Interlope : Commerce violant la règle de l'exclusif*.

J

Jansénisme : Au XVIIe siècle doctrine théologique issue de saint Augustin, mettant l'accent sur la misère de l'homme, la toute-puissance de la grâce divine et de la prédestination. Le monastère de Port-Royal fut l'âme du jansénisme. – Au siècle suivant, après la bulle* *Unigenitus*, le jansénisme français marqua de plus en plus une opposition à la Cité. Tantôt il se repliait sur un moralisme rigide ; tantôt il s'associait au gallicanisme* le plus excessif et renforçait directement ou indirectement l'opposition parlementaire aux réformes royales. Il avait pour organe clandestin les *Nouvelles ecclésiastiques*. Il ne craignit point de s'allier au parti philosophique contre les jésuites.

Juges extraordinaires : Nom donné aux magistrats composant les juridictions dites d'exception ou d'attribution. C'étaient : pour tailles* et aides* les élections, pour la gabelle* les greniers à sel, pour les traites* les maîtres des ports, pour le Domaine* et la voirie* les trésoriers* de France, pour les eaux* et forêts les gruyers et les maîtrises, pour les affaires de mer les amirautés, pour la sûreté de Paris le lieutenant* général de police, pour le commerce les juridictions* consulaires, etc. Un maquis de sièges, styles et procédures. Ainsi, un cas concernant la navigation fluviale dépendait-il de l'amirauté jusqu'au point du fleuve atteint par les grandes marées ; en amont, il relevait des eaux et forêts…

Jurandes : Ces corps* de métiers (ou « corporations »*) s'étaient vu définir et confirmer privilèges et devoirs par des actes* royaux. Ils se distinguaient des « métiers réglés » qui dépendaient des seules autorités locales. Les métiers de Paris étaient du premier type ; ceux de Lyon, du second. En d'autres villes, les deux sortes de métiers pouvaient voisiner. Mais Colbert (édit de 1673) encourageait les jurandes au détriment des métiers libres. Les trois composantes de l'organisation corporative étaient les maîtres*, les compagnons et les apprentis. Une dimension pieuse et festive était fournie aux métiers par les confréries.

Juridictions consulaires : Depuis 1563, les juges consuls, marchands ou gens de métiers choisis par leurs pairs, composaient des tribunaux connaissant du contentieux en matière commerciale. Ils jugeaient gratuitement, vite et assez bien.

Justice retenue : Exercice personnel de la justice par le Roi. La mise à mort de Concini (1617) en est un exemple extrême ; et le temps n'est plus où saint Louis jugeait sous un chêne. A la fin de l'ancien régime, la justice retenue s'exerce surtout au travers des lettres* de cachet. Justice retenue s'oppose à justice déléguée, c'est-à-dire à l'immense appareil judiciaire autonome dont le Chancelier* est le chef.

Justice royale : Elle tend à s'imposer et, depuis le XVIe siècle, se substitue progressivement aux justices* seigneuriales. On distingue justice ordinaire et juridictions extraordinaires (cf. Juges* extraordinaires). La justice ordinaire comprend quatre degrés de juridictions : 1° les prévôtés*, 2° les bailliages*, 3° les présidiaux*, 4° les parlements* ou les conseils* souverains.

Justices seigneuriales : « C'est la justice qui donne à la seigneurie* sa force » (Cabourdin). Bien que, depuis le XVe siècle, la monarchie ait complété la liste des « cas* royaux » afin de diminuer le rôle des justices seigneuriales, celles-ci se survécurent jusqu'en 1789 ; au reste, moins détestables que leur réputation. Seules les « hautes justices » pouvaient condamner à mort, mais sous réserve de confirmation par les présidiaux*. Moyennes et basses justices n'avaient compétence que pour affaires ou délits de peu. Le seigneur déléguait ses pouvoirs à des officiers plus ou moins gradués, qui veillaient surtout à maintenir droits* et redevances. Les officiers seigneuriaux étaient juges et parties, comme de nos jours les juges administratifs. Et l'on oublie trop que la justice seigneuriale jouait le rôle de nos modernes justices de paix. Au pénal, cette justice était gratuite ; au civil, elle était payante. En certains cas, elle se faisait « gracieuse », s'il s'agissait de défendre « la veuve et l'orphelin ».

L

Légistes : Juristes français du moyen âge, très importants sous Philippe le Bel (1285-1314). Les légistes, gradués en droit romain, peuplaient les juridictions royales et défendaient les droits du souverain. Au sens restreint, une trentaine d'importants personnages, associés au gouvernement. Guillaume de Nogaret en fut le plus illustre.

Lettres de cachet : Actes* royaux, manifestation de la justice* retenue du Roi. Scellées, contresignées par un secrétaire* d'État, elles s'opposaient pourtant aux lettres* patentes, parce qu'elles n'avaient point à être enregistrées. Les lettres de cachet, qui paraissaient en 1789 symbole d'arbitraire et de despotisme, étaient souvent expédiées à la demande des familles – nobles ou notables – à l'encontre d'un mauvais sujet que l'on faisait enfermer dans une prison* royale.

Lettres patentes : Actes* royaux contresignés par un secrétaire* d'État. Elles concernaient souvent des privilèges. Elles étaient enregistrées en cours* souveraines.

Libertés : En 1788 Sieyès opposait la liberté et l'égalité, aux privilèges honnis. Il suivait ainsi Turgot, dénonciateur des « prétendus droits des corps ». Au contraire, pour Montesquieu, les privilèges (des provinces, coutumes, villes, métiers, charges, corps constitués) représentaient une réalité modératrice, limitant le pouvoir royal. Ces privilèges étaient aussi et d'abord des « libertés » ; concrètes, donc au pluriel.

Librairie : C'était le nom de l'édition. Depuis Charles IX (1563 et 1566), aucun livre ne pouvait paraître sans privilège du Roi. Mais les censeurs n'étaient pas impitoyables, surtout lorsque Malesherbes fut directeur de la Librairie (1750-1763) et laissa diffuser l'*Encyclopédie*. « La monarchie française [alternait] la rigueur et le laisser-aller » (Cabourdin et Viard).

Lieutenant civil : Véritable président premier du Châtelet*.

Lieutenant général : Titre militaire ou civil. Les lieutenants généraux des armées (terrestres ou navales) étaient des officiers* généraux. Depuis le XVIe siècle, le lieutenant général de bailliage* était le véritable chef de ce tribunal.

Lieutenant général de police : Sa charge a été créée en 1667, affermie en 1674. Troisième homme du Châtelet*, où il tenait l'audience de police, c'était un personnage de robe* (maître* des requêtes) et de plume*. Ses attributions rappelaient celles des intendants*. Il avait plus grand pouvoir que le prévôt* des marchands avec lequel il partageait l'administration de la capitale. Il avait charge de la sûreté et d'un « ordre public » entendu au sens large (approvisionnement en blé, contrôle des métiers, surveillance des imprimeurs, etc.). « Tiercelet* de ministre », invité au travail* du Roi, il eut un crédit comparable à celui des secrétaires* d'État.

Lit de justice : Séance royale (le Roi venant au Parlement*) particulièrement solennelle. Le Roi y fait lire par le Chancelier* un texte exprimant sa volonté de juge ou de législateur. Il use du lit de justice pour imposer sa souveraineté aux magistrats répugnant à enregistrer des édits – surtout « bursaux », c'est-à-dire fiscaux. Les lits de justice servent aussi à déclarer la majorité* du Roi ou à « déférer la Régence* ».

Loi salique : Expression consacrée pour résumer la loi de succession capétienne, excluant les femmes. Cf. Lois* fondamentales.

Lois fondamentales : Dites encore « lois du royaume », les lois fondamentales, supérieures au Roi parce qu'elles regardaient la Couronne, servaient à la France de constitution* non écrite. La loi d'« indépendance », garante des libertés de l'Église de France, marquant la souveraineté du Roi par rapport au pape et par rapport à l'Empereur, fut considérée par les états* généraux de 1614 comme une loi fondamentale. Mais, prudemment, les souverains capétiens ne reconnaissaient que deux lois fondamentales : 1° le caractère inaliénable et imprescriptible du Domaine* ; 2°, et surtout, la loi de succession. Cette dernière établissait les règles de dévolution de la Couronne : continuité, « hérédité de mâle en mâle avec primogéniture, collatéralité au bénéfice du plus proche parent par les mâles du Roi défunt, catholicité enfin » (J. Barbey).

M

Maison du Roi : L'expression couvre trois réalités : le secrétariat d'État de la maison du Roi (doté de pouvoirs de police) ; la maison civile (cf. Commensaux*), la maison militaire enfin. Depuis Louis XIV, cette dernière, fortement structurée, alignait six corps de cavalerie d'élite (gardes du corps, grenadiers à cheval, gendarmes de la garde, chevau-légers de la garde, mousquetaires, petite gendarmerie) et trois corps d'infanterie (les cent-Suisses, les gardes françaises, les gardes suisses). Sous Louis XVI, M. de Saint-Germain, sous prétexte d'économies, supprima mousquetaires et grenadiers, et diminua les effectifs des autres corps.

Maîtres des requêtes : Les « maîtres des requêtes de l'hôtel du Roi » (ils pouvaient siéger à l'anachronique tribunal des requêtes de l'Hôtel), en général quatre-vingts (soixante-sept depuis 1787), étaient des officiers* recrutés parmi les jeunes conseillers de cours* souveraines. Ils formaient un corps de grands administrateurs, et c'est en leur sein que le souverain choisissait les intendants*. Mais les maîtres des requêtes servaient surtout au conseil* du Roi et dans ses annexes.

Maîtres et compagnons : Les corps* de métiers comprenaient des métiers « réglés » et des jurandes*. Tout métier, surtout en jurande, avait ses statuts. Chaque corps comprenait des apprentis, des compagnons, des maîtres ;

une structure constante. La maîtrise était d'accès difficile, techniquement et financièrement, nécessitant la présentation d'un « chef-d'œuvre » qui n'était point à la portée de tous. Cela créait en chaque métier une sorte d'oligarchie. Trop souvent les fils de maîtres échappaient à l'apprentissage et au statut de compagnon. Les compagnons, eux, attachaient grand prix à leur tour de France de formation professionnelle. Ils faisaient partie de « compagnonnages » (les *gavots*, les *devoirants*, etc.), à la fois sociétés initiatiques et associations d'entraide ; syndicats corporatifs avant la lettre.

Majorité : En droit* privé, la majorité était atteinte à vingt-cinq ans. Depuis 1374* les Rois, eux, étaient majeurs à treize ans.

Manufactures : Entreprises pilotes de l'économie précapitaliste, « forme supérieure de la production industrielle » (J.-P. Poussou). Elles révélaient une concentration de main-d'œuvre, échappaient au régime corporatif. Elles connurent leur âge d'or au temps de Colbert, entre 1665 et 1683. On distinguait : 1° les manufactures « du Roi », 2° les manufactures « royales », 3° les manufactures « privilégiées ». Les premières appartenaient à l'État, les deuxièmes et troisièmes étaient soutenues – parfois même financièrement – par l'État. La plus célèbre manufacture du Roi fut celle des Gobelins. Outre ses tapisseries, elle fabriquait meubles et objets d'art. Les « manufactures royales » avaient des privilèges (monopoles, avantages fiscaux) accordés par lettres* patentes en échange d'une réglementation imposée. Telle fut la manufacture textile de Van Robais à Abbeville, qui occupait 1 800 ouvriers. Enfin l'on rencontrait nombre de « manufactures privilégiées » – comme celle « des points de France » (1665) –, comparables aux précédentes, au titre près.

A cet effort centralisateur, dirigiste, inégalement efficace en dépit de belles réussites (les Gobelins et la compagnie des glaces de Saint-Gobain existent encore), s'opposa l'effort de libéralisme du XVIIIe siècle. Les règlements de 1762 et 1766, par exemple, encouragèrent la filature et le tissage en zone rurale, au détriment des privilèges des jurandes*.

Maréchaussée : Équivalent de notre gendarmerie.

Mines : Elles faisaient partie, depuis Colbert, du département du contrôleur* général.

Ministres : Nom donné aux pasteurs protestants. – Au sens politique usuel, on appelait ministres les principaux personnages du gouvernement (ministres d'État, Chancelier*, garde* des Sceaux, secrétaires* d'État, contrôleur* général). Au sens strict, n'étaient « ministres » que ceux que le Roi avait appelés au conseil* d'en haut. Certains de ces derniers, comme le duc de Beauvillier sous Louis XIV, n'étaient aucunement chefs de département, et beaucoup de secrétaires d'État (par exemple, le marquis de Barbezieux, fils de Louvois) ne furent jamais ministres. Mais il convenait que le secrétaire d'État des affaires étrangères le fût, afin de rapporter en ces matières au conseil d'en haut.

Monarchie absolue : Désignation traditionnelle de la monarchie française capétienne. Pour les vieux juristes, « absolue » signifiait parfaite. La monarchie absolue (du latin *absoluta*) était un pouvoir sans liens, mais non sans limites. Les chapitres 1 à 17 de ce livre traitent de la monarchie absolue.

Monarchie administrative : Cette formule, souvent appliquée à la monarchie de Louis XIV et de Louis XV, évoque un pouvoir auto-régularisé.

N

Noblesse : Elle a été étudiée aux chapitres 30 et 31, 49 et 51.

Noblesse au premier degré : Noblesse acquise dès la première génération dans l'exercice d'une charge* anoblissante, en général au bout de vingt ans ou par mort en fonctions.

Noblesse chevaleresque : Lignées remontant leurs preuves de noblesse avant 1400, sans principe visible d'anoblissement.

Noblesse commerçante : Une « noblesse commerçante », et pas seulement militaire, terrienne ou oisive : tel était le rêve de l'abbé Coyer qui lança à ce sujet une controverse (1756). Le commerce en France dérogeait*, mais les édits de 1669 et 1701 avaient encouragé les nobles à pratiquer le négoce, surtout maritime ; et mines, forges, manufactures* échappaient à la dérogeance.

Noblesse de cloche ou *échevinale :* Familles anoblies par charges de maire ou d'échevin en certaines villes. En 1789 c'était le cas pour Angers, Angoulême, Bourges, Lyon, Paris, Toulouse, Perpignan.

Noblesse d'épée : Termes à éviter, car entraînant à confondre l'état militaire (l'« épée »*, admettant des roturiers*), la haute noblesse (noblesse de cour) et la vieille noblesse (chevaleresque ou d'ancienne extraction).

Noblesse de robe : Ensemble des familles anoblies jadis ou naguère par des charges de robe. D'un colonel nommé d'Aguesseau, l'on pouvait dire : « Il est d'épée*, mais de noblesse de robe. »

Noblesse d'extraction : Familles prouvant au moins quatre degrés (générations) de noblesse.

Noblesse graduelle : Noblesse acquise dans l'exercice de charges* anoblissantes, quand le père a exercé vingt ans (ou est mort en charge), le fils de même.

Noblesse militaire : Au XVIe siècle et jusqu'en 1634, les officiers se pouvaient agréger à noblesse en deux générations. Entre 1635 et 1715, nombre de charges d'administration militaire (commissaires des guerre, etc.) donnèrent une noblesse* graduelle (en deux générations). Mais la « noblesse militaire » proprement dite ne date que de novembre 1750, avant d'être abolie en 1790. L'accès au grade de maréchal de camp anoblissait. On pouvait aussi être anobli en trois générations de chevaliers de Saint-Louis (au moins capitaines).

Notables : Personnalités des trois ordres*, que le Roi pouvait appeler en « assemblées » pour examiner des projets de réforme (création d'impôt, élaboration d'un code*, discussion sur la vénalité des offices*, etc.). Plus compétents que les députés aux états* généraux, mais dépendant du seul choix du Roi, les notables firent souvent – par exemple en 1617 et 1626 – de l'excellent travail. Ce ne fut pas le cas lors des assemblées de 1787* et 1788*.

Nouveaux convertis (en abrégé : *N.C.*) *:* Nom donné en France, aux XVIIe et XVIIIe siècles, aux réformés convertis au catholicisme, qu'ils l'aient été de gré ou de force.

O

Office : C'était l'élément habituel du service public. Quatre-vingt-dix-huit pour cent des charges de justice, quatre-vingts pour cent de celles de finance étaient des offices vénaux. L'office était titre d'honneur, dignité, fonction. C'était aussi un objet de commerce, que l'on pouvait acheter, vendre, louer. La paulette* (1604) avait achevé de généraliser l'hérédité des offices. La vénalité et l'hérédité des offices (composantes au XVIIIe siècle de la réaction* nobiliaire, car les offices anoblissants étaient souvent occupés par des titulaires déjà nobles) furent rudement dénoncées avant 1789. Elles assuraient pourtant au royaume une séparation des pouvoirs*, une indépendance de l'ordre judiciaire à peu près sans exemple en ce temps.

Officialité : Tribunal diocésain connaissant autrefois

des affaires ecclésiastiques, mais aussi d'affaires séculières concernant quelque homme d'Église et enfin des crimes et délits commis en des lieux relevant de l'Église. Depuis le milieu du XVIe siècle, le pouvoir royal n'avait cessé de réduire sa vaste compétence.

Officier : Titulaire d'un office civil (pas obligatoirement vénal) ou d'une charge militairc de commandement (ce dernier sens est apparu à la fin du XVIe siècle).

Officiers comptables : C'étaient, par exemple, les magistrats des chambres* des comptes, chargés du contrôle des deniers publics. On nommait « grands officiers comptables », des financiers royaux – presque « tiercelets* de ministres » – comme les gardes du trésor royal ou les trésoriers généraux des guerres.

Officiers généraux : C'étaient les maréchaux de France, grands* officiers de la Couronne, puis les lieutenants généraux (nos généraux de division), enfin les maréchaux de camp (nos généraux de brigade). Il ne faut pas confondre maréchal de France et maréchal de camp. Quant au grade de brigadier, introduit sous Louis XIV, il ne faisait pas de vous un général, mais un officier* supérieur plus honoré que le colonel. Dans la marine on trouvait des maréchaux de France (tel Tourville), des vice-amiraux (comme Suffren), les lieutenants généraux des armées navales (Duguay-Trouin), puis les chefs d'escadre (Jean Bart).

Officiers subalternes : On les nommait officiers particuliers. C'étaient, de bas en haut, l'enseigne (dans la cavalerie, cornette ; chez les dragons, guidon), le sous-lieutenant, le lieutenant et le capitaine. L'aide-major, égal au lieutenant, avait une fonction plutôt qu'un grade.

Officiers supérieurs : Le capitaine ancien était déjà une sorte d'officier supérieur. Puis on trouvait le major (grade créé au XVIIIe siècle) ; ensuite le lieutenant-colonel ; enfin le colonel. Depuis Louis XIV venait ensuite le grade inclassable de brigadier, officier supérieur assimilé pour les honneurs (et pour des commandements tactiques) à un officier général.

Ordonnances : Actes* royaux à portée générale. Les grandes ordonnances de Louis XIV furent l'ordonnance civile (1667), le code* forestier (1669), l'ordonnance criminelle (1670), l'ordonnance de commerce (1673), l'ordonnance de marine (1681), le code noir (1685).

Ordre du tableau : Réformes inspirées à Louis XIV par Louvois (1675). Le rang des maréchaux de France va dépendre de leur ancienneté comme lieutenants généraux. 2° Des listes de promotion seront établies pour chaque grade, afin que l'ancienneté cesse d'être oubliée au profit de la naissance et du crédit.

Ordres (Les trois) : On appelait ainsi le Clergé*, la noblesse* et le tiers* état, composantes des états* généraux et des états provinciaux. Les ordres n'étaient pas des classes sociales, chacun des trois ordres regroupant des catégories très diverses par la fortune ou le rang ; et la division en ordres paraissait au XVIIIe siècle aussi obsolète que les états généraux eux-mêmes. Le réveil du tiers état changea tout.

P

Pairs : Cf. Ducs*, et aussi Cour* des pairs.

Paix de l'Église, ou *paix clémentine :* Ainsi appelée du nom du pape Clément IX qui l'amorça à l'automne de 1668. Trêve, sans nuage jusqu'en 1679, qui mit provisoirement un terme à la querelle entre jésuites et jansénistes.

Paris : Il a été parlé de Paris dans le chapitre 33. Entre 1667 et 1789, l'administration de Paris fut partagée entre le prévôt* des marchands, dignitaire traditionnel, et le lieutenant* général de police, commissaire* royal incarnant l'administration moderne.

Parlement : En 1789, treize cours* souveraines avaient en France le titre de parlement. Beaucoup d'entre eux avaient, au XVIIIe siècle, négligé leur rôle judiciaire au profit des « affaires publiques », à l'instar du parlement* de Paris avec lequel ils avaient fini par prétendre ne former qu'un seul corps (« l'union des classes »). Ces cours étaient les parlements de Paris, Toulouse, Provence (Aix), Franche-Comté (Besançon), Guyenne (Bordeaux), Bourgogne (Dijon), Flandres (Douai), Dauphiné (Grenoble), Metz, Nancy, Navarre (Pau), Bretagne (Rennes) et Normandie (Rouen).

Parlement de Paris : Détaché au moyen âge de la *curia* Regis*, le Parlement était « la cour* souveraine par excellence, la plus ancienne et prestigieuse du royaume » (J.-L. Harouel), cour de justice et cour* des pairs, ennoblie par la présence des princes* et des ducs*. Le ressort du Parlement allait d'Amiens à Lyon, et même à la Saintonge. Mais, au XVIIIe siècle, les affaires publiques détournaient les magistrats de leurs fonctions. Grâce au droit d'enregistrement* et à celui de remontrance*, le parlement de Paris, « souverain consistoire des lois », gardien jaloux des lois* fondamentales, s'était immiscé dans le domaine législatif. Il se comparaît, au temps des Lumières, au parlement de Londres ; comme si l'on avait pu confondre des robins ayant acheté leur office* à des députés élus. Il soutenait la théorie des « classes », se disant le chef d'un corps immense dont les cours de province auraient été les membres. Jusqu'à la Révolution, le Parlement dissimula ses préjugés nobiliaires et son égoïsme fiscal. Tout en se prétendant le champion des intérêts du peuple, il s'arrangea pour faire échouer les plus utiles réformes.

Particule : Elle n'est en aucune façon signe assuré de noblesse*. On peut s'appeler Séguier et être de bonne noblesse de robe ; se nommer *de* Carabas, comme le maître du Chat botté de Perrault, et être roturier*. Il n'en va pas de même du *von* allemand.

Parties casuelles (Bureau des) : Créé en 1522 par François Ier, cet organisme assurait la trésorerie des offices*. On y vendait offices nouveaux ou vacants.

Partisan : Au XVIIe siècle, synonyme péjoratif de traitant* ; au XVIIIe, synonyme péjoratif de financier*.

Paulette : Du nom du financier* Paulet, la « paulette », ou droit annuel, fut instaurée par la déclaration du 12 décembre 1604. En payant tous les ans la soixantième partie du prix de leur charge, les officiers* échappaient à la clause des quarante jours (la résignation d'un office* était nulle si le titulaire résignant mourait avant quarante jours). Le droit annuel consolida l'hérédité des offices.

Pays d'élections : Généralités* de droit commun en matière financière et fiscale. Les pays d'élections s'opposaient aux pays d'états (comme la Bretagne ou le Languedoc) dotés, eux, d'une autonomie fiscale.

Péages : Droits* seigneuriaux perçus sur les hommes, les bêtes et les marchandises à certains passages, comme les bacs. Depuis le XVIe siècle, surtout depuis le début du règne de Louis XV, le pouvoir œuvrait pour en diminuer le nombre.

Personnes titrées : Nom donné aux princes* étrangers, ducs* et duchesses. Les autres « titres » (marquisats, comtés, baronnies, etc.) ne faisaient pas de leurs bénéficiaires des « personnes titrées ».

Physiocrates ou *économistes :* Membres de l'école fondée par le docteur Quesnay vers 1756, illustrée par le marquis de Mirabeau, Dupont de Nemours, Le Mercier de la Rivière, etc. Les physiocrates privilégiaient l'agriculture, défendaient la propriété, réclamaient l'impôt foncier.

Plume : Depuis Louis XIV, robe* et plume étaient synonymes. Aujourd'hui nous nommerions volontiers robins les magistrats des cours et tribunaux ; et gens de plume, les administrateurs de type moderne : secrétaires* d'État et leurs commis*, intendants*, subdélégués* et autres.

Polysynodie : Gouvernement par conseils. Nom donné à la curieuse expérience tentée sous la Régence pour remplacer conseil* du Roi et secrétaires* d'État (1715-1718).

Ponts et chaussées : Depuis 1508, les trésoriers* de France s'occupaient des routes. Une première administration des voies terrestres fut créée par Sully, « grand voyer » de 1599 à 1611. Après 1626, on revint à la paresseuse gestion des trésoriers. Vint Colbert, qui relança la grande voirie en attribuant aux intendants* d'importants pouvoirs. Il imposa son style en pays* d'élections et fit œuvrer des ingénieurs militaires à l'aménagement routier. Le premier corps « civil » des ponts et chaussées fut mis en place par le contrôleur* général Desmarets et par le Régent (1712-1716). Mais l'âge d'or des grands chemins fut le règne de Louis XV (corvée* royale, département des ponts et chaussées confié aux Trudaine de 1743 à 1777, création de l'école des ponts et chaussées en 1747 et mise en place d'une hiérarchie : inspecteurs généraux, ingénieurs en chef, sous-ingénieurs, conducteurs, élèves.)

Portion congrue : Minimum vital imposé par le Roi pour la rémunération des curés (500 livres en 1768, 700 depuis 1786) et vicaires (200 livres en 1768, 250 en 1778, 350 à compter de 1786). Ce n'était pas l'Eldorado, mais cela n'explique pas pourquoi « congru » semble avoir pris le sens d'incongru ou d'intolérable.

Pouvoirs (Séparation des) : Cette notion, abstraite jusqu'à la constitution des États-Unis (1787), est une invention de Montesquieu, philosophant sur l'exemple anglais embelli. Avant le XIXe siècle, on chercherait en vain une vraie séparation des pouvoirs (législatif, exécutif, judiciaire). En apparence, la monarchie française l'ignorait. En fait, le Parlement*, consistoire des lois, usant des droits de remontrance* et d'enregistrement*, était un contre-pouvoir législatif. Les ministres*, délibérant et votant au conseil* d'en haut, et les secrétaires* d'État (contresignant les actes* royaux) représentaient un contre-pouvoir exécutif. Mais surtout, cours et tribunaux – avec leurs magistrats inamovibles, propriétaires de leurs offices* – constituaient le plus puissant et quotidien des contre-pouvoirs judiciaires possibles, car le Roi avait fort réduit le champ de son antique « justice* retenue ».

Premier ministre : Le titre de « principal ministre de l'État » ne fut accordé, sous l'ancien régime, que six fois. Richelieu en fut revêtu du 21 novembre 1629 à sa mort (4 décembre 1642), et Mazarin du 5 décembre 1642 à sa mort (9 mars 1661). Louis XIV rompit avec la tradition, et il écrivit dans ses *Instructions* au Dauphin : « Je résolus sur toutes choses de ne point prendre de premier ministre..., rien n'étant plus indigne que de voir d'un côté toutes les fonctions, et de l'autre le seul titre de Roi. » Le cardinal Dubois fut principal ministre du 22 août 1722 à sa mort (10 août 1723). Lui succéda l'ancien Régent, le duc d'Orléans (11 août 1723) qui mourut le 2 décembre. Le Roi alors nomma premier ministre Louis-Henri de Bourbon-Condé (M. le Duc), le 2 décembre 1723, puis il le congédia le 11 juin 1726. Enfin Loménie de Brienne fut principal ministre du 26 août 1787 jusqu'à sa démission le 25 août 1788. – Le cardinal Fleury avait eu, du 11 juin 1726 à sa mort (29 janvier 1743), de très grands pouvoirs, mais sans avoir été premier ministre en titre.

Présidiaux : Créés par Henri II, ces tribunaux étaient des bailliages* aux attributions étendues, destinées en apparence à soulager les rôles des parlements*, en fait à diminuer leur importance. Mais ils ne jugeaient en dernier ressort que de relativement petites causes.

Prévôt de Paris : Notable personnage, aux attributions surtout honorifiques, placé à la tête du Châtelet*. Il ne faut pas le confondre avec le prévôt* des marchands.

Prévôt des marchands : Ce devancier des maires de

Paris, « élu » pour deux ans et renouvelable (depuis 1594, il est nommé par le Roi, choisi dans la bonne robe*), partageait avec Parlement* et Châtelet* – surtout, depuis 1667, avec le lieutenant* de police – l'administration de Paris. Lui incombaient la navigation sur la Seine et sa police, l'entretien des quais, des ponts, des fontaines, l'approvisionnement en blé par voie d'eau, les fêtes. Il présidait le bureau de la Ville et connaissait (procès ou contentieux) des affaires liées au commerce de Seine.

Prévôtés : Tribunaux royaux de première instance, comme les « vigueries » du Midi ou les « vicomtés » de Normandie. Le Châtelet* était prévôté et vicomté, présidial* mais non bailliage*.

Prévôts des maréchaux : Officiers de justice et police qui, depuis François Ier, connaissaient des « cas* prévôtaux » et rendaient une justice souvent efficace, toujours rapide.

Prince : Les « princes du sang » étaient descendants mâles et légitimes de Hugues Capet (ex. : Condé). Les « princes légitimés » étaient fils ou descendants bâtards d'un Roi capétien, légitimés par Sa Majesté (ex. : les Orléans-Longueville, les Bourbons-Vendôme). Henri IV en 1610, Louis XIV en 1694 accordèrent aux légitimés un « rang intermédiaire » entre les pairs* et les princes du sang. Louis XIV commit l'erreur (1714) de les dire aptes à succéder. – Les « princes étrangers » étaient des ducs* dont les ancêtres avaient été souverains (ex. : la maison de Lorraine, les Rohan, les Bouillon).

Prince chrétien : L'ancien régime a hérité du moyen âge l'idéal moral et politique du « prince chrétien », dont l'archétype fut saint Louis. Évêques, prédicateurs, précepteurs des Dauphins furent plus attachés à cet idéal qu'au droit* divin.

Prison : Lieu de sûreté précédant le jugement et la condamnation des prévenus, ou moyen de contrainte destiné à obliger un débiteur à s'acquitter de ses dettes.

« Les prisons ne sont établies que pour garder les criminels, et non pas pour les punir » (Ferrière). – Les « prisons d'État », comme la Bastille* ou le For l'Évêque, étaient des « lieux de sûreté dans lesquels étaient enfermées par mesure de haute police les personnes considérées comme dangereuses et pour lesquelles il apparaissait inopportun de les traduire devant les juridictions » (P. Couvrat).

Privilégiés : On a tort de réserver ce nom aux nobles. Nombreux étaient les corps privilégiés ; et nombreux les individus (commensaux* ou autres) nantis de privilèges fiscaux.

Q

Question : Torture judiciaire légale, « renouvelée du droit romain par les docteurs du moyen âge, réglementée par les ordonnances criminelles de 1498 et 1539, confirmée par celle de 1670 et régulièrement utilisée par les tribunaux jusqu'au milieu du XVIIIe siècle » (J.-M. Carbasse). La « question préparatoire » (supprimée en 1780) sollicitait les aveux du prévenu. La « question préalable » (abolie en 1788) précédait l'exécution pour obtenir du condamné le nom de ses complices.

R

Réaction nobiliaire : Nom donné aux efforts de la noblesse*, de Louis XIV à la Révolution, pour regagner la première place dans l'État et la société. Encouragée par Louis XV et Louis XVI, cette réaction est une des principales causes de la Révolution. Certains de ses éléments couvrent tout le XVIIIe siècle : 1° la mainmise progressive de la noblesse (de cour ou de robe) sur les principaux bénéfices* d'Église ; 2° l'extrême rareté des roturiers* au gouvernement ; 3° l'occupation des charges* anoblissantes par trop de nobles (neuf sur dix, au parlement* de Paris). Mais cette réaction s'intensifie depuis le milieu du siècle, au moment même où l'enrichissement du pays, l'essor des bourgeoisies et les progrès de l'opinion font apparaître comme anachroniques, voire intolérables, les anciens privilèges. C'est l'introduction de la noblesse de cour au gouvernement (1758), 2° la priorité accordée aux nobles dans l'armée (1758), 3° une stricte réglementation des honneurs* de la Cour (1759), 4° la fermeture de l'épiscopat aux roturiers* (Louis XVI n'a nommé qu'un évêque roturier, la Révolution déjà commencée), 5° une réaction seigneuriale inopportune et généralisée (on tente de rentabiliser la seigneurie* en reconstituant la réserve et par la révision des terriers*), 6° l'effort tardif, maladroit et d'ailleurs inégalement appliqué, pour réserver à la noblesse la plus grande partie des grades de l'armée (1781), 7° et surtout, le déchaînement anachronique, absurde et provocant, de cascades de mépris. La noblesse de cour méprise celle des provinces ; celle des villes humilie les hobereaux ; ces derniers se vengent au détriment des roturiers.

Receveur général : Depuis le milieu du XVIe siècle, chaque généralité* a deux receveurs généraux des finances, qui contrôlent la fiscalité royale. Ce sont des officiers* de finance.

Régale : Droit* régalien permettant au Roi de toucher les revenus des évêchés vacants.

Régence : Autant la loi de succession avait fini par être affinée, autant le style des Régences demeurait indéterminé. On vit la Régence exercée par l'oncle du Roi (Philippe de Valois), sa sœur (Anne de Beaujeu), sa mère (Catherine de Médicis), le premier prince du sang (Philippe d'Orléans en 1715). D'où l'importance du testament des Rois ; d'où surtout l'influence du Parlement*, toujours tenté de grandir son rôle.

Régnicoles : Nom donné aux Français « nés sujets du Roi ». L'ancien régime accorda aux Avignonnais, aux Suisses et aux Savoyards, le privilège d'être « réputés régnicoles ».

Réguliers : Qui ont fait vœu dans une maison religieuse. Le mot s'oppose à séculier*. En 1766 Louis XV établit une « commission des réguliers » chargée de remédier aux abus observables dans les monastères d'hommes. Il en résulta les édits de mars 1768 et février 1773 ; neuf ordres furent abolis, près de cinq cents maisons supprimées ou regroupées.

Reine : La Reine avait pour mission première de donner des enfants au Roi, si possible héritiers mâles. Elle n'avait de rôle politique que si le Roi l'associait à son Conseil* ou, surtout, lui confiait la Régence*.

Religion : Les protestants étaient appelés « ceux de la Religion ». Mais « la Religion » signifiait aussi l'ordre de Malte.

Religionnaire : Paradoxale désignation des protestants.

Remontrance : Depuis le XIVe siècle, la remontrance, « humble supplication que les cours* souveraines font au Roi pour le prier de faire réflexion sur les inconvénients ou les conséquences de quelqu'un de ses ordres ou de ses édits » (Ferrière), permettait aux cours, surtout au Parlement*, de participer au pouvoir législatif. De 1673 à 1715, le droit de remontrance fut diminué. Ensuite son usage systématique (après remontrances et parfois « itératives remontrances », ou le Roi reculait, ou il imposait sa volonté par « lettres de jussion », souvent au cours d'un lit* de justice) bloqua bien des réformes.

Résigner : Se démettre d'une charge* ou d'un bénéfice*.

Robe : Toge des magistrats (noire dans les tribunaux, rouge dans les cours* souveraines). Par extension, métier de juge et fonctions du service civil.

Roi très chrétien : Titre officiel du roi de France, et droit* régalien. Le roi d'Espagne portait celui de roi

Catholique ; le roi de Portugal, celui de roi Très Fidèle (1748).

Roturier : Qui n'est pas noble. Un bourgeois, un paysan étaient des roturiers. Les terres « en roture », soumises au cens*, s'opposaient aux fiefs* ou terres nobles.

R.P.R. : Abrégé de « religion prétendue réformée ». Sigle méprisant par lequel l'État désignait le calvinisme et les calvinistes français.

S

Sacre : Le sacre des rois de France, évoqué au chapitre 4, était plus qu'un couronnement et presque un sacrement.

Savonnette à vilain : Expression méprisante ou amusée, désignant une charge* anoblissante tournant à la sinécure, comme celle de secrétaire* du Roi.

Secrétaires d'État : Chefs de département – ils furent presque toujours quatre, mais cinq entre 1763 et 1780 – occupant, avec le Chancelier* et le surintendant (ou le contrôleur*) des finances, les places du gouvernement. Créés en 1547, très importants depuis 1588 et assimilés aux grands* officiers de la Couronne, ils sont nommés par le Roi et révocables. Leur office est cependant objet de finance (de 500 000 à 900 000 livres), en général accompagné d'un brevet* de retenue. Des origines à la Révolution, deux des quatre secrétaires d'État ont une spécialité inchangeable : la guerre, et les affaires étrangères. Les deux autres – ayant à diriger les départements de la marine, de Paris, du Clergé, de la maison* du Roi et des « affaires de la religion prétendue réformée » – eurent des attributions générales plus mouvantes. Mais, outre leur rôle principal (par exemple : affaires étrangères, ou maison du Roi), les secrétaires d'État se partageaient l'administration des provinces. A celui de la guerre incombaient les provinces frontières. Surtout issus de la robe*, jusqu'au milieu du XVIIIe siècle, les secrétaires d'État, depuis et grâce à Louis XIV, avaient dans l'ordre social dépassé les ducs*.

Secrétaires du Roi : Officiers* des chancelleries royales, en général titulaires de véritables sinécures. Depuis 1485, ils jouissaient de la noblesse* au premier degré, ce que les magistrats du parlement* de Paris n'obtinrent qu'en 1644.

Secret du Roi : Organisme discret assurant la politique personnelle de Louis XV, ignorée de ses ministres des affaires étrangères, qu'elle contredisait volontiers, surtout à propos de la Pologne. Ce Secret eut pour chef le comte de Broglie (1756-1773), et, parmi ses agents, le chevalier d'Éon.

Séculier : Qui vit dans le siècle. Les curés appartenaient au clergé séculier. Les abbés commendataires* étaient séculiers.

Seigneurie : « Puissance en propriété » (Loyseau), la seigneurie était la plus apparente survivance du système féodal ; puissance dégénérée à l'aube du XVIIIe siècle, « ombre de seigneurie » (d'Argenson, 1735), mais d'autant plus contestée qu'une réaction* nobiliaire (1740-1789) prétendit en restaurer la force. De toute façon, le seigneur et ses officiers (fermiers de seigneurie, procureurs fiscaux, etc.) restaient « des éléments primordiaux du groupe social » (Édouard Gruter).

Le pouvoir seigneurial était double : foncier et public. A) *La seigneurie foncière.* L'ensemble territorial de la seigneurie était divisé. a) Le « domaine proche », ou « réserve », était celui dont le seigneur avait l'exploitation. Au XVIIIe siècle, il s'efforça donc d'en agrandir le champ, en annexant par exemple les communaux. b) Le reste se nommait « directe » ; ensemble de droits* seigneuriaux sur les hommes (le vassal tenant fief* devait au seigneur foi et hommage) et sur les terres (cultivant des terres roturières* dans la directe ou censive, les censitaires devaient au seigneur le cens* et nombre de droits – parfois anachroniques – et de devoirs ; ces derniers quelquefois contraignants et souvent contestés. La réaction seigneuriale tendit à revaloriser ces droits et devoirs, notamment par la révision des terriers*). B) *La seigneurie publique*. Celle-ci, limitée par le pouvoir royal depuis 1670, assurait au seigneur une puissance judiciaire et administrative. Cf. Justices* seigneuriales.

Servage : L'existence jusqu'à la fin du XVIIIe siècle, en Bourgogne ou en Franche-Comté, de « mainmortables » et de « serfs d'Église » (comme à l'abbaye de Saint-Claude), censitaires attachés à la seigneurie*, ne doit pas faire oublier que le servage, en France, s'était progressivement éteint entre la fin du XIe siècle et le milieu du XVe.

Six-Corps : Depuis le XVe siècle, six grands corps de marchands, reconnus par le Roi, dominent les métiers de la capitale. Aux XVIIe et XVIIIe siècles, les Six-Corps comprenaient merciers, pelletiers, épiciers, drapiers, bonnetiers et orfèvres. Les marchands de vin se considéraient comme un septième, les libraires comme un huitième corps.

Stratégie de cabinet : Stratégie moderne due à Louvois, mise en place en 1674-1675. Les chefs d'armée devenaient des exécutants ; les opérations étant désormais décidées par le Roi, son ministre de la guerre et des conseillers de leur choix.

Subdélégués : Auxiliaires des intendants*, qui déléguaient à leur profit certains de leurs pouvoirs (surveillance des communautés, répartition des tailles*, examen des requêtes, secrétariat de l'intendance, etc.), les subdélégués, nommés par les intendants, exerçaient gratuitement leurs fonctions. Ils cumulaient souvent avec une charge de présidial* ou des eaux* et forêts, un office de trésorier* de France ou autre.

Subvention territoriale : Impôt foncier, d'origine physiocrate*, applicable aux propriétaires, même nobles.

Imaginée par Turgot, instaurée par Calonne, reprise par Brienne, elle fut repoussée par les notables* et par le Parlement*.

Surintendance : Du XVIe siècle à la disgrâce de Fouquet (1661), Surintendance signifiait surintendance des finances ; Surintendants s'entendait des surintendants généraux, responsables des finances publiques et de l'économie. Ensuite Surintendance désigna celle des bâtiments du Roi.

Système des classes : Préfiguration de l'inscription maritime, ce régime de recrutement des équipages de la flotte fut mis en place par Colbert (1669) pour remplacer la « presse » ou enrôlement forcé. Divisés en quatre « classes », les gens de mer ne pouvaient naviguer au commerce que si leur classe n'était pas au service actuel de la marine royale.

T

Taille : Depuis le XVe siècle c'était l'impôt royal par excellence. Dans la plus grande partie du royaume la taille était personnelle, arbitrairement répartie par les collecteurs selon « les facultés » des taillables roturiers*. Y échappaient les nobles et une foule de privilégiés*. Dans les pays d'états – notamment en Languedoc, Dauphiné, Provence –, la taille était « réelle », payée par les propriétaires (nobles ou roturiers) de terres roturières.

Terriers : Registres seigneuriaux notant « les rentes, droits et devoirs » des vassaux ou tenanciers. Les plans terriers en étaient l'illustration. Habituelle depuis 1740, la révision des terriers fut une forme honnie de réaction* nobiliaire.

« Tiercelets de ministres » : Nom donné par Saint-Simon à de grands décideurs, comme le directeur général des fortifications. Le tiercelet était un oiseau de proie, un mâle inférieur en taille à sa femelle.

Tiers état : De Philippe le Bel jusqu'à Louis XV, tiers état équivalait à bourgeoisie ; Furetière parle « du tiers état ou des bourgeois notables ». Mais, à la fin du XVIIIe siècle, tiers état était devenu synonyme de population non privilégiée : tout ce qui n'était point Clergé* ou noblesse*.

Titres de noblesse : Il n'y avait pas de duc* sans duché, de marquis sans marquisat, de comte sans comté, etc., sinon par usurpation ou par « courtoisie ». Pour avoir droit au titre de marquis, il fallait que le Roi eût bien voulu ériger pour vous vos terres en marquisat, ou que vous soyez l'héritier mâle et légitime (avec primogéniture) d'un marquis en règle.

Tolérance : On évitera l'emploi anachronique de ce mot. Sous l'ancien régime, en effet, il fut péjoratif jusqu'au milieu du XVIIIe siècle (tolérer, c'était supporter le mal) ; seulement employé dans le sens limité de la « tolérance civile », implicitement ou explicitement contenue en certains « édits de tolérance » avantageux aux protestants (1562, 1598, 1629, 1787, etc.).

Traitants : Financiers* garants d'un « traité » concernant un impôt affermé. Par extension, nom péjoratif des financiers.

Traites : Les traites ou droits de douane sur les marchandises étaient payées, non seulement aux frontières, mais à l'intérieur du royaume. Le bassin Parisien formait l'unité dite « des cinq grosses fermes* ». Les provinces « de l'étranger effectif » (Alsace, Franche-Comté, Lorraine) laissaient entrer en franchise ; les traites étaient dues à la limite de la France intérieure. Les provinces « réputées étrangères » (étrangères au système de Colbert) – Flandre, Artois, Bretagne, Saintonge, Guyenne, Languedoc, Provence, Dauphiné, Lyonnais – avaient de forts droits d'entrée et de sortie, non seulement avec l'intérieur et avec les pays étrangers, mais d'une province à l'autre. Le contentieux des traites était jugé par les « maîtres des ports » ou « juges des traites foraines » ; en appel, par les cours* des aides.

Travail du Roi : On appelait « liasse » ou « travail du Roi » les entretiens politiques et techniques directs du monarque avec tel haut responsable, secrétaire* d'État ou autre chef de département.

Trésorier de France : Officier* exerçant dans un bureau des finances. Ce magistrat avait compétence en matière de tailles*, Domaine* et voirie*. Les charges de trésoriers en province anoblissaient au second degré (noblesse* graduelle) ; celles du bureau de Paris, depuis 1705, au premier degré (vingt ans ou mort en charge).

Triumvirat : Surnom donné aux trois ministres réformateurs (Maupeou, l'abbé Terray, le duc d'Aiguillon) de la fin du règne de Louis XV.

U - V

Une foi, une loi, un Roi : Adage de l'ancien droit* public. Il rappelle que le Roi est monarque par droit* divin. Il souligne que la loi de Dieu, le droit* naturel et la constitution* coutumière des lois* fondamentales transcendent le Roi et limitent sa souveraineté. 1789 prétendra remplacer « Une foi, une loi, un Roi », par : « La Nation, la Loi, le roi ».

Voirie : cf. Ponts* et chaussées.

TABLE DES MATIÈRES

IMPRIMÉ EN FRANCE PAR BRODARD ET TAUPIN
Usine de La Flèche (Sarthe).
LIBRAIRIE GÉNÉRALE FRANÇAISE - 43, quai de Grenelle - 75015 Paris.
ISBN : 2 - 253 - 06423 - 8

42/0501/9